ZERO

클릭의 종말, AI 시대의 생존 전략

제로클릭

손승완 지음

CLICK

길벗

제로클릭

ZERO-CLICK

초판 발행 2026년 1월 15일

지은이 손승완
발행인 이종원
발행처 (주)도서출판 길벗
출판사 등록일 1990년 12월 24일
주소 서울시 마포구 월드컵로 10길 56(서교동)
대표 전화 02)332-0931 | **팩스** 02)323-3895
홈페이지 www.gilbut.co.kr | **이메일** gilbut@gilbut.co.kr

기획 및 책임 편집 안수빈(puffer@gilbut.co.kr), 박슬기, 최동원
디자인 장기춘 | **제작** 이준호, 손일순, 이진혁 | **마케팅** 전선하, 박민영, 서현정
유통혁신 한준희 | **영업관리** 김명자 | **독자지원** 윤정아

편집진행 이정주 | **전산편집** 김정미 | **CTP 출력 및 인쇄** 금강인쇄 | **제본** 금강제본

ISBN 979-11-407-1741-5 03300
(길벗도서번호 007232)

정가 18,800원

독자의 1초를 아껴주는 정성 길벗출판사

(주)도서출판 길벗 IT교육서, IT단행본, 경제경영, 교양, 성인어학, 자녀교육, 취미실용 www.gilbut.co.kr
길벗스쿨 국어학습, 수학학습, 어린이교양, 주니어 어학학습, 학습단행본 www.gilbutschool.co.kr

페이스북 gilbutzigy | **인스타그램** gilbut.it | **네이버 블로그** blog.naver.com/gilbutzigy

| Thanks to |

원고를 쓴다는 것은 당사자에게도 쉬운 일이 아니지만, 곁에 있는 가족에게도 굉장히 낯선 경험일 것입니다. 아빠와 놀아야 하는 소중한 시간을 기꺼이 양보하고 이를 이해해준 사랑하는 딸 손리아와 사랑하는 아내 윤선혜, 그리고 장모님께 진심으로 감사의 마음을 전합니다. 가족의 지지가 없었다면 결코 쉽지 않았을 것 같습니다. 그리고 먼 곳에서도 항상 응원과 믿음을 보내주신 부모님께도 감사와 사랑의 인사를 전합니다. 아울러 원고의 기술적 부분과 마켓 관련 부분에서 본인 일처럼 도와준 친구 이지한 님과 김승언 님께도 감사의 마음을 전합니다.

마지막으로 이 글의 가치를 알아보시고 빠르게 출판까지 추진해주신 길벗출판사의 박슬기 팀장님과 최동원 차장님, 집필 과정의 처음부터 끝까지 따뜻하고 꼼꼼하게 도와주신 안수빈 편집자님께 깊은 감사의 마음을 전합니다.

우리는 이미 '제로클릭' 시대에 살고 있습니다

저의 어머니는 아직 연세가 많은 편은 아니지만, 네이버 검색을 굉장히 어려워하셨습니다. 특히 키워드로 검색한 결과 페이지[SERP]에 광고성 블로그가 가득한 구조를 이해하기 어려워하셨습니다. 그래서 올해 초에 5분 정도 시간을 내어 어머니께 챗GPT 사용법을 알려드렸습니다. 보이스모드[챗GPT Voice]도 함께 보여드렸습니다. '과연 이걸 잘 쓰실까?' 하는 마음 반, 기대 반이었습니다.

그로부터 몇 달 후에 다시 뵈었을 때 저는 깜짝 놀랐습니다. 어머니께서는 챗GPT를 누구보다 편리하고 자연스럽게 쓰고 계셨습니다. 피부 트러블이 생기면 사진을 찍어 챗GPT에게 물어보고, 자동차 계기판에 낯선 시그널이 뜨면 검색창 대신 챗GPT에게 바로바로 문의하고 계셨습니다. 예전 같으면 저에게 전화하셨을 상황들이, 이제는 "AI가 이렇게 하라더라"는 한 문장으로 끝나고 있었습니다.

우리도 모르는 사이에 검색 행동이 바뀌고 있습니다. 지금 사무실에서 업무 중인 사람들의 모니터를 살펴보십시오. 브라우저에 네이버나 구글 대신 제미나이 혹은 챗GPT 화면을 띄워놓고 일하는 사람들을 흔히 발견하게 됩니다. 사용자들의 검색 행동의 변화는 단순한 트렌드가 아니라, 정보를 찾고 선택하는 방식이 통째로 바뀌는 패러다임의 변화입니다.

제로클릭 시대는 생각보다 훨씬 더 빠르게 도래했습니다. 한국의 검색시장을 사실상 독점하던 네이버의 검색 점유율이 어느새 50%

대까지 떨어졌고, 그사이 구글은 검색 점유율을 40% 가까이 끌어올렸습니다. 그리고 챗GPT의 국내 MAU(월간활성사용자수)는 2025년 10월 기준 2천만 명을 돌파했습니다.

AI를 통해 보다 편리하고 효과적으로 정보를 얻는 시대가 되었습니다. 그럼에도 여전히 기존 검색엔진과 포털 공략에만 치중하는 기업과 브랜드는 근간이 흔들릴 수 있는 큰 변화의 시기입니다.

'우리가 그동안 쌓아온 검색 전략이 더 이상 통하지 않는다면, 앞으로 무엇을 해야 하는가?' 이 책은 바로 이 질문에서 시작되었습니다.

AI 검색으로의 전환은 돌이킬 수 없는 흐름입니다

2024년 말부터 진행되고 있는 구글의 크롬Chrome 브라우저 관련 법정 소송 과정에서, 2025년 5월 구글 내부 문건 하나가 '증거자료'로 공개됩니다. 임원진 회의록 형식의 이 문건에는, "검색 광고 모델의 붕괴를 감수하더라도, 당장 AI 검색을 도입하지 않으면 플랫폼이 사라질 수 있다"는 내용이 담겨 있었습니다.

전 세계 검색엔진을 지배하고 있는 구글의 이런 판단만 보더라도 AI 검색으로의 전환이 단순한 실험이 아니라 생존을 위한 선택이라는 사실을 알 수 있습니다.

네이버도 마찬가지입니다. 네이버의 국내 검색 점유율은 지속적으로 하락하고 있으며, 현재는 커머스 영역에 AI 역량을 집중하고 있습니다. 기존 검색 방식만으로는 더 이상 성장과 생존을 담보할 수 없다고 판단했을 것입니다.

조금 더 먼 미래를 상상해보겠습니다. 앞으로 전개될 AI Agentic 시대에는, 셀 수 없이 많은 에이전트Agent들이 사용자를 대신해 다양한 카테고리에서 검색하고 조사하며 행동까지 수행할 것입니다.

그 과정에서 에이전트는 무엇을 참고할까요? 맞습니다. AI가 잘 읽을 수 있고, 잘 이해하고, 신뢰할 수 있는 콘텐츠입니다. 표면적인 키워드나 광고 문구가 아니라 구조와 맥락, 출처와 신뢰도의 조합을 보고 판단할 것입니다.

그렇기 때문에 생성형 AI 최적화인 GEO 전략Generative Engine Optimization Strategy은 단순한 유행이나 트렌드가 아닙니다. 급변하는 AI 시대에 기업과 브랜드가 앞으로 몇 년을 버텨낼 수 있을지, 그리고 어떤 기회를 잡을 수 있을지 결정짓는 생존 전략의 첫걸음입니다.

이런 분들께 이 책을 추천합니다

이 책의 초반부는 '제로클릭과 기업의 위기'를 최대한 쉽게 풀어쓰는 데 공을 들였습니다. 아직 'AI 검색'이라는 개념을 낯설게 여기는 분들이 많기 때문입니다. 그래서 검색 패러다임의 변화, 즉 AI에게 질문하고 답을 얻으며 더 이상 클릭하지 않는 사용자 행동의 변화와, 그로 인해 기업이 맞닥뜨린 위기와 기회에 대해 먼저 이야기했습니다.

중반부부터는 마케터와 기획자 등 실무자에게 직접적인 도움이 될 AI 검색 최적화, GEO의 실무 전략을 중점적으로 다루었습니다.

GEO에 대한 기술적인 부분은 지금도 계속 업데이트되고 있고, 서비스별로 다른 점도 많습니다. 그래서 이 책에서는 가능한 한 공통적이고, 다수가 인정하는 안정적인 전략을 중심으로 정리했습니다.

국내에서 기업과 브랜드를 위해 밤낮없이 애쓰고 계실 수많은 실무자분들이 사무실 책상 위에 이 책을 올려두고, 필요할 때마다 펼

쳐 보기를 바라는 마음으로 썼습니다.

마지막으로, 저는 제로클릭 시대에 뛰어난 기업들이 새로운 기회를 찾기를 바라며 이 책을 집필했습니다. 네이버는 포털 서비스 특성상 내부 생태계 전략을 기반으로 성장했지만, 검색 독점이 장기화되며 블로그와 카페 등 검색 결과 콘텐츠의 품질은 크게 하락했습니다. 포털 검색 결과 상단에 노출되기 위해 기업이 '광고비를 쓰지 않을 수 없는 구조'에 갇혀버린 측면도 있습니다.

이러한 구조 속에서 저는 가치 있는 기업과 브랜드가 GEO 전략을 통해 다시 소비자에게 제대로 노출되고, 정당한 평가를 받기를 바랍니다. 묵묵히 좋은 제품과 서비스를 만들어온 분들이, AI 검색이라는 새로운 환경에서도 뒤로 밀리지 않도록 돕는 것이 이 책의 큰 목적입니다.

아무쪼록 이 책이 제로클릭과 AI 검색 최적화에 대한 독자 여러분의 갈증을 조금이나마 해소하고, 현업에서 매일 치열하게 일하고 계신 분들에게 실제로 도움이 되기를 바랍니다.

2025년 12월 판교에서

손승완

| 추천사 |

20년 넘게 마케팅 현장에서 전략에 따라 매체의 목적과 활용도가 바뀌는 것을 수없이 보아왔습니다. 그리고 2025년, 클릭하는 대신 AI와 대화하고 상담하며 결과를 찾기 위해 첫 화면이 바뀌고 있습니다. 『제로클릭』은 이런 변화를 과장 없이 그려나가는 책이라 할 수 있습니다. 무엇을 만들고, 어떻게 구조화하며, 어떤 신호로 '채택'되게 할 것인가를 실무에 바로 적용할 수 있는 디지털 마케팅 도서입니다.

최동휘 | (주)놀유니버스 마케팅전략실장

좋은 마케팅은 결국 '경험'을 설계하는 일입니다.
사용자 여정의 첫 화면이 AI로 이동한 지금, 경험 설계의 단위 역시 클릭이 아니라 '답변 속 점유'로 바뀌고 있고, 기업의 KPI 역시 빠르게 변화하고 있습니다.
『제로클릭』은 '왜 클릭이 줄어드는가'가 아니라 '기업의 다음 성과 목표가 무엇이 되어야 하는가'에 답합니다. 세상을 바꿀 새로운 패러다임 앞에서 누구보다 한 발짝 먼저 걷고 싶은 리더들에게 권하고 싶은 책입니다.

윤명진 | (주)네오플 대표이사

| 차례 |

PART 02
실무에 바로 적용하는 실전 GEO 전략

무엇이든 물어보세요!

책을 읽다 궁금한 점이 생기면 길벗 홈페이지(gilbut.co.kr)에 회원으로 가입하고 고객센터의 1:1 문의 게시판에 질문을 남겨보세요. 지은이와 길벗 독자지원센터에서 신속하고 친절하게 답변해 드립니다.

1. 길벗 홈페이지 (gilbut.co.kr) 회원 가입 후 로그인하기	2. [고객센터] - [1:1 문의] 게시판에서 '도서 이용'을 클릭하고 책 제목 검색하기	3. '문의하기'를 클릭해 새로운 질문 등록하기

PART 01

제로클릭의
개념과 현황

우리는 여전히 검색한다. 하지만 더 이상 클릭하지 않는다.
AI의 요약만으로도 충분하다고 느끼기 때문이다.

이미 검색 사용자 10명 중 8명은
검색 시간의 절반 가까이를
클릭 없이 AI 요약만 읽는 데 쓰고 있다.

검색은 남았지만, 클릭은 사라지고 있다.
링크 이동은 없는 시대.
우리는 '제로클릭의 시대'에 살고 있다.

지금 '검색의 패러다임'이 통째로 바뀌는 현장을 목격하고 있다.
그 시작은 아주 작고 익숙한 질문 하나다.

당신이 마지막으로 검색해서 클릭한 적은 언제인가?

01

새로운 검색 패러다임의 도래, 제로클릭

사람들의 검색 행동이 근본적으로 바뀌고 있다

검색은 하지만 클릭은 없다

검색 결과, 링크에서 AI 요약으로

단순한 트렌드일까, 검색 패러다임의 구조적 전환일까?

사람들의 검색 행동이 근본적으로 바뀌고 있다

인간의 본능, 정보 검색

영국 러프버러대학교 정보과학과 교수이자, 『Information Behavior: An Evolutionary Instinct(정보 행동: 인간 진화가 만든 본능)』의 저자인 어맨다 스핀크Amanda Spink 박사는 '인간이 정보를 찾고 사용하는 행위는 단순히 현대적인 학습과 문화적 습관이 아니라, 진화 과정에서 발달한 본능적 행동'이라고 주장한다.[1]

사실 너무나 당연한 주장이다. 호모사피엔스 시대에도 정보는 중요했다. 물이 있는 위치 정보가 필요하고, 먹을 수 있는 것과 없는 것을 구별하기 위한 정보, 추운 장소와 따뜻한 장소의 정보도 필요했다. 생존과 사회적 경쟁을 위해 본능적으로 정보를 수집하고 활용하는 것은 매우 중요한 적응 전략이다. 문명화된 인간도 다르지 않다. 인간은 수천 년 전부터 기록하기 위해 문자를 만들고, 많은 양의 정보를 기록하고 보관하기 위해 책과 도서관을 만들고, 가장 많은 책이 보관된 도서관은 대개 국가에서 직접 관장해왔다. 인간이 본능적으로 정보를 얼마나 중요하게 생각하는지 알 수 있으며, 정보를 찾는 것이 인간과 커뮤니티, 더 나아가 국가의 생존에까지 연결되어 있음을 보여주는 증거이다.

AI 시대의 검색 행동

그렇다면 AI 시대가 본격화된 지금, 정보 검색 행동은 어떻게 달라졌을까? 2025년 3월, 과학기술정보통신부가 발간한 「2024 인터넷 이용실태조사」에 따르면, 생성형 AI를 이용해본 적 있는 사용자 중 무려 81.9%가 '단순 정보 검색'을 가장 주요한 목적으로 꼽았다. 즉, 생성형 AI의 확산 이후에도 '정보를 찾는다'는 인간의 본능은 바뀌

생성형 AI 서비스 경험 활동[2] _만12세 이상 생성형 AI 서비스 경험자

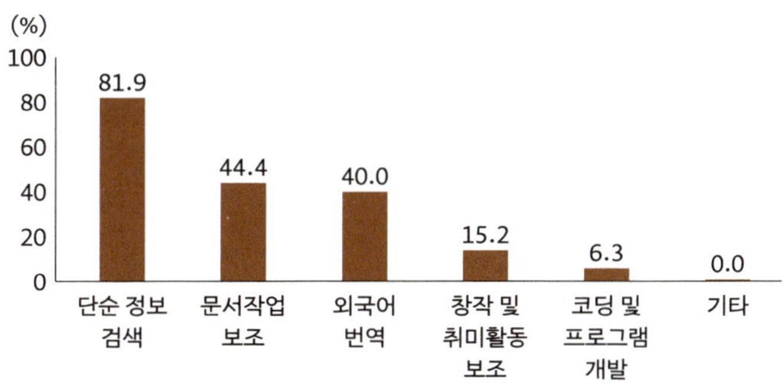

▲ 사용자들이 주로 경험한 생성형 AI 서비스 활동은 '단순 정보 검색'이다.

지 않았다. 그러나 정보를 찾는 '방식'은 근본적으로 변화하고 있다.

2024년 12월, 세계적인 전략 컨설팅 회사인 '베인 앤 컴퍼니BAIN & COMPANY'에서 한 보고서를 발표했다. 제목은 「Goodbye Clicks, Hello AI: Zero-Click Search Redefines Marketing(클릭은 굿바이, AI는 헬로: 제로클릭 검색으로 마케팅을 재정의하다)」. 이 보고서는 생성형 AI에 대해 1,100명을 대상으로 실시한 소비자 설문조사 결과를 담았는데, 생성형 AI를 사용하는 주요 목적은 아래와 같다.

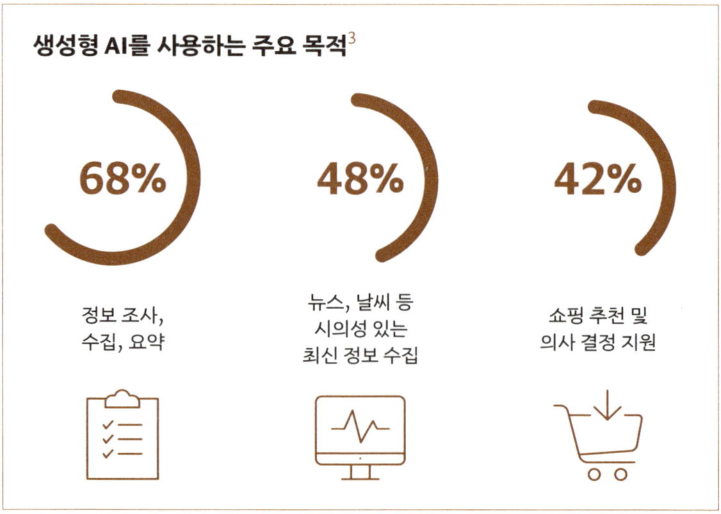

▲ 생성형 AI가 점점 전통적 검색엔진의 역할을 대체하고 있다.

이런 이용 행태는 기존 검색엔진의 역할과 충돌한다. 하지만 더 놀라운 사실이 보고서에 담겨 있다. 검색 사용자의 약 80%가 사용 시간의 최소 40%를 AI 요약을 이용하는 데 할애한다. 다시 말해, '클릭 없는 결과'에 의존하는 것으로 나타났다. 베인 앤 컴퍼니는 이 현상을 제로클릭Zero-Click이라고 표현했다. 사용자들의 검색 행동이 급격하게 바뀌고 있다.

검색이 제로클릭으로 끝나는 빈도[4]

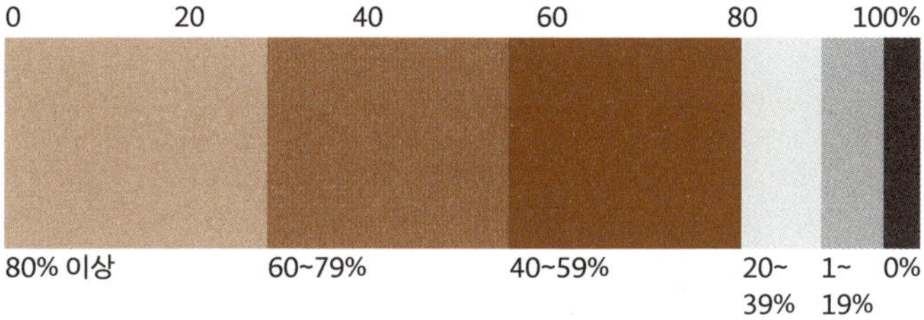

▲ 검색 이용자의 약 80%는 전체 검색 활동의 최소 40%에서 AI 요약에 의존한다. 즉, 검색 결과를 클릭하기 전에 AI가 제공하는 요약만 보고 끝내는 경우가 많다는 의미이다.

검색은 하지만 클릭은 없다

콘텐츠 마케팅 전문 에이전시 프랙틀Fractl에서 2025년 2월에 발표한 자료도 베인 앤 컴퍼니 보고서와 유사한 수치를 보여준다. 49%의 사용자는 여전히 구글 같은 링크 형태를 선호하지만, 41%의 사용자는 AI 요약에 의존하는 것으로 나타났다.

제로클릭, 즉 사용자의 검색 행동이 급격하게 바뀌는 현상은 일시적일까? 아래 설문조사 결과를 보면 그 답을 생각보다 명확하게 알 수 있다.

❶ 글로벌 전략 컨설팅 회사인 베인 앤 컴퍼니 보고서에 따르면 사용자들은 6개월 전보다 오늘 생성형 AI를 더 많이 사용하여 뚜렷한 사용률 증가세를 보인다.

❷ 콘텐츠 마케팅 회사인 프랙틀의 조사에 따르면, 무려 82%의 사용자가 전통적인 검색엔진에 비해 AI 검색 결과가 '좀 더 도움이 된다'라고 답했다.

❸ SEO 전문 기업인 브라이트엣지(Brightedge)에 따르면 2024년 5월부터 1년간 구글의 트래픽 추이와 클릭률을 비교한 결과, 1년 사이 임프레션(노출)은 약 50%나 증가했고 클릭률은 무려 30% 감소했다.

소비자들이 AI 검색 툴을 사용하며 체감하는 행동 변화[5]

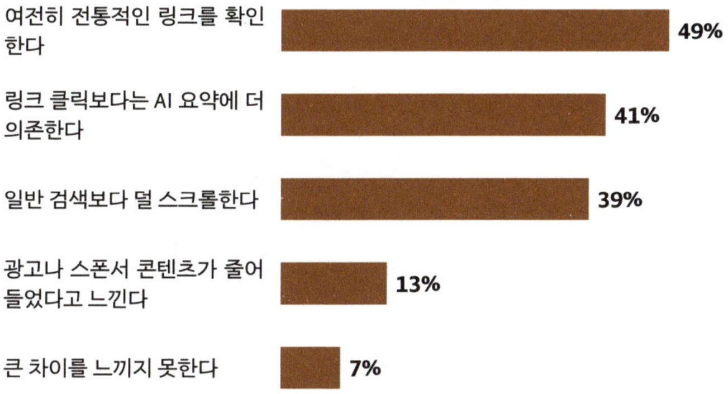

▲ 최종 검증이나 추가 정보를 위해 링크를 확인하는 습관은 여전히 남아 있지만, AI가 제공하는 요약을 활용하는 정도가 점점 높아지고 있다.

제로클릭은 단순한 트렌드가 아니라 매우 급격한 패러다임의 변화를 암시한다. 독자 여러분도 본인의 검색 행동을 떠올려보시라. 예전처럼 구글이나 네이버에서 링크를 따라가는가? 네이버와 구글의 사용 비중도 줄었고, 무엇보다 검색할 때 클릭하는 행위가 부자연스럽다고 느끼는 분들도 있을 것이다. 어쩌면 당신도 모르게 검색 행동이 바뀌었을 수도 있다. 클릭하지 않고, AI가 준 요약만 읽고 넘어가는 방식으로 말이다. 우리는 이미 제로클릭 시대에 진입했다.

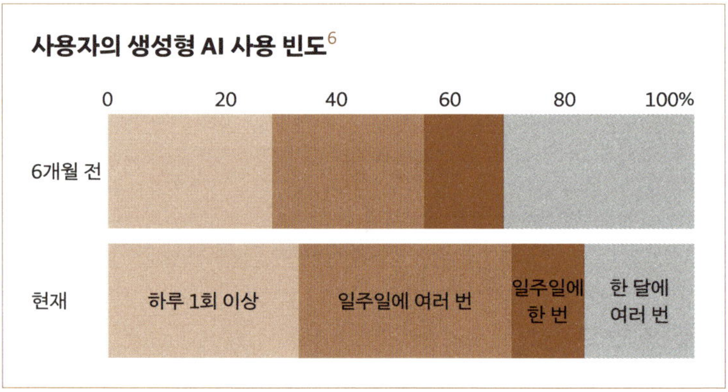

▲ 소비자들은 6개월 전보다 오늘날 생성형 AI를 더 많이 사용하고 있다. 하루 1회 이상 또는 일주일에 여러 번 사용하는 비중이 크게 늘어났으며, 한 달에 몇 번 정도 사용하는 '라이트 유저' 비중은 확연히 줄어들었다.

전통 검색엔진 대비 AI 기반 검색에 대한 소비자의 평가[7]

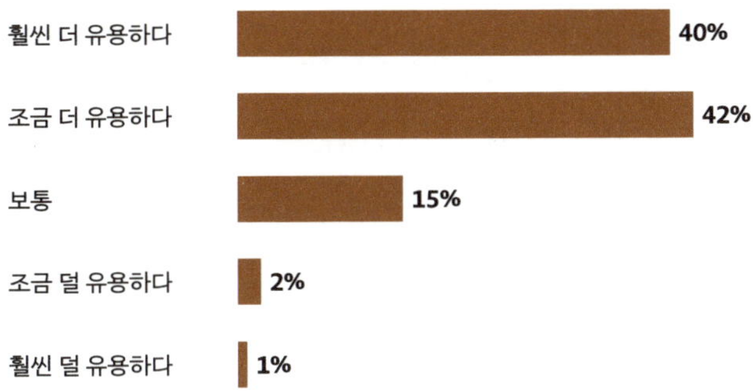

▲ 소비자의 82%가 AI 검색이 전통 검색보다 더 유용하다고 평가했다. 이는 구글 같은 검색엔진이 이미 단순한 검색 효율 경쟁에서 밀리기 시작했음을 보여주며, 향후 AI 검색의 확산·정착 가능성이 매우 높다는 신호로 해석된다.

구글 검색의 노출량과 클릭률[8]

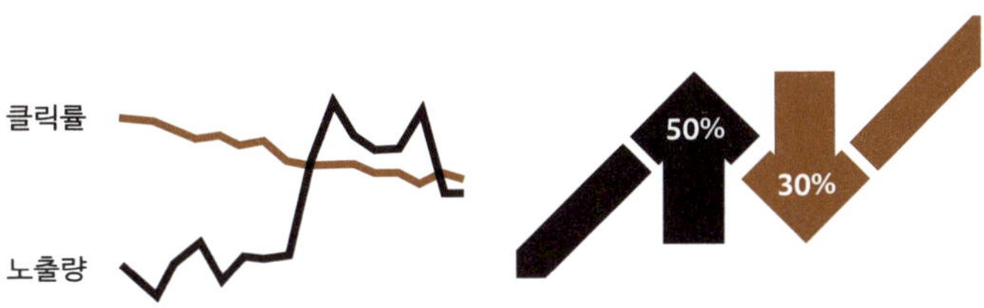

▲ 구글 검색 결과가 사용자에게 더 많이 노출되지만, 실제 클릭 행동으로 이어지지 않는 비율이 늘어나고 있다. 검색 결과 페이지 내에서 이미 필요한 답을 얻어버리기 때문이다.

검색 결과, 링크에서 AI 요약으로

제로클릭이 검색 결과를 어떻게 변화시켰는지 한 번 더 간단히 정리해보자. 제로클릭은 크게 2가지로 나뉜다.

첫 번째는 AI 요약으로 인해 전통적인 검색엔진에서 클릭하지 않는 현상이다. 전통적인 검색엔진은 결과값이 거의 대부분 링크 형태로 이어져 있다. 우리는 '키워드' 형태로 검색하고, 검색 결과 나오는 링크를 통해 다른 웹사이트로 이동해서 좀 더 자세한 정보를 얻는다.

하지만 이제 전통적인 검색엔진에도 AI 요약 기능이 추가되었다. 구글과 네이버 상단에 AI 요약 기능이 추가되어 있으며, 링크가 노출되는 검색 결과는 AI 요약 하단에 배치되도록 UI가 구성되어 있다(2014년경에 출시된 구글 스니펫은 AI 요약 기능과는 다른 개념이다). 이 경우, AI 요약 하단에 있는 링크들의 클릭률은 무려 60%나 하락한다. 사람들이 상단의 AI 요약만 보고 이탈하기 때문이다.

두 번째는 생성형 AI 사용률이 급증함에 따라 전통적인 검색 엔진의 점유율을 빼앗아 발생하는 제로클릭 현상이다. 아직 구글 쿼리의 3% 수준에 불과하지만, 2025년 4월 기준 챗GPT의 글로벌 WAU(주간활성사용자수)는 약 8억 명이다[9](한국도 비슷한 시기에 MAU(월간활성사용자수) 1,700만 명을 넘었다). 제미나이Gemini도 글로벌 MAU 4.5억 명을 기록했다. 앞서 살펴본 바와 같이 사용자들의 검색 행동이 바뀌고 있다는 점을 감안하면, 생성형 AI의 검색 점유율은 빠르게 증가할 것이 명확해 보인다.

생성형 AI는 AI 요약 결과값만을 노출하기 때문에, 링크가 없는 경우가 더 많다. 예를 들어 챗GPT에서 프롬프트를 입력하여 검색해보면 AI 요약 결과값만 노출된다. 즉, 생성형 AI 서비스를 사용하면 결과값 이후 클릭을 하지 않는다. 미처 인지하지 못한 사이 우리의 검색 행동이 바뀌고 있는 것이다.

요약하자면 첫 번째 제로클릭은 전통적인 검색엔진(구글, 네이버)이 AI 요약 기능을 제공하면서 사용자들이 하단의 링크를 클릭하지 않는 것, 두 번째 제로클릭은 생성형 AI의 사용률이 급증하면서 결과값 이후 클릭하지 않는 것이다. 다음 페이지의 참고 그림을 보면 쉽게 이해될 것이다.

우선 구글 검색창에서 '생성형 AI'를 검색했을 때의 결과 화면을 살펴보자. 상단이 AI 요약이며, 하단은 전통적인 결과 화면으로 반드시 링크 형태로 노출된다.

▲ 구글에서 '생성형 AI'를 검색했을 때 결과 화면

챗GPT와 같은 생성형 AI에서 '생성형 AI'를 검색하면 어떨까? 결과값을 요약해서 정리해주며, 링크가 없는 경우가 많다.

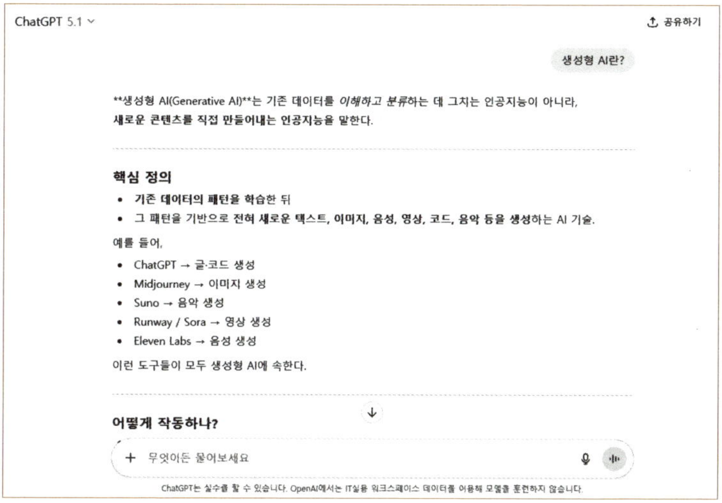

▲ 챗GPT에서 '생성형 AI'를 검색했을 때 결과 화면

× NOTE ×

생성형 AI(Generative AI)란 기존 데이터를 학습하고 그 패턴을 인식하여 텍스트, 이미지, 오디오, 영상 등 새로운 콘텐츠를 창작하는 인공지능을 의미한다. LLM(Large Language Model)은 생성형 AI를 구현하는 핵심 기술 중 하나로, 특히 언어(텍스트) 생성에 특화된 AI 모델이다. 최근에는 LLM 기반 서비스도 텍스트를 넘어 다양한 데이터를 다루는 멀티모달(Multimodal) AI로 발전하고 있으므로, 이 책에서는 이를 포괄하는 개념으로서 '생성형 AI'라는 용어를 사용한다.

단순한 트렌드일까, 검색 패러다임의 구조적 전환일까?

2023년 챗GPT 3.5가 등장하며 생성형 AI가 빠르게 시장에 침투했고 사용자 수가 급속히 증가하면서 제로클릭 현상은 이미 예고된 미래였다. 사람은 본능적으로 더 빠르고 더 편리한 길을 택한다. 과거 아이폰이 모바일 시대로의 전환을 촉발했듯이, 인터넷의 가장 중요한 목적인 '정보 검색'도 전통적인 검색엔진보다 훨씬 더 직관적이고 효율적인 AI 결과 요약으로 전환되는 것은 필연적인 수순이다.

물론 초기에는 생성형 AI의 환각현상Hallucination 때문에 AI가 도출한 결과값에 대한 신뢰도가 높지 않았다. 하지만 챗GPT 외에도 다양한 경쟁자들이 출현하면서 품질은 빠르게 향상되고 있고, 수년 이내에 AGI(범용인공지능) 레벨까지 도달할 가능성이 거론되며 생성형 AI에 대한 신뢰도도 빠르게 높아지고 있다.

또한 구글과 네이버 등 전통적인 검색엔진에서도 생성형 AI를 이용한 AI 요약 결과를 검색 상단에 노출하기 시작했다. 편리함과 신뢰가 함께 상승하는 이 시점에서, 클릭 중심의 검색은 자연스럽게 쇠퇴하고 있다.

이것은 단지 검색 행동의 진화 혹은 기술의 발전이 아니라, '검색'이라는 개념 패러다임의 전환이며, 우리는 지금 그 전환기의 한복판에 서 있다.

어느 날 아침, 당신의 웹사이트 트래픽이 갑자기 25% 급감했다. 지난밤 당신은 아무것도 바꾸지 않았다. 당신은 다급하게 검색포털을 통해 확인했지만, 검색 결과 화면에 당신의 브랜드는 여전히 문제없이 노출되고 있다. 하지만 아무도 클릭하지 않는다.

이 장에서는 제로클릭 쇼크 현상이 어떻게 기업의 트래픽을 침식시키고, 브랜드의 디지털 존재감을 약화시키고 있는지 살펴보자. 이는 제로클릭 쇼크의 시작일 뿐이다. 단지 링크 클릭이 줄어드는 것이 아니라, 콘텐츠가 AI의 응답에서조차 배제되는 현상이 벌어지고 있다.

그리고 놀랍게도, 많은 기업과 브랜드의 마케터조차 아직 이 위기를 자각하지 못하거나 그 심각성을 인지하지 못하고 있다. 어떤 산업이 타격을 받고 있는지, 왜 이 현상이 구조적인 위기인지 알아보자.

제로클릭 쇼크는 이제 시작이다.

02

당신의 비즈니스가 사라지고 있다

갑작스러운 트래픽의 변화

제로클릭 쇼크가 산업에 미치는 영향

제로클릭 쇼크에 대처하지 못한 기업과 브랜드의 영향도

갑작스러운
트래픽의 변화

글로벌 비즈니스 매거진 포브스Forbes는 2025년 4월 기사에서 검색의 약 60%가 클릭으로 이어지지 않는다는 현실을 보도했다.[1] 사실 이것보다 더 무서운 이야기가 기사 중간에 있다. 검색엔진의 검색 결과 상단에 노출되는 'AI 오버뷰'로 인한 기업들의 유기적 트래픽 감소는 무려 15~64%에 이를 수 있다는 내용이다. 정말 놀랍지 않은가?

이것은 '제로클릭 쇼크'의 시작일 뿐이다

해외 다수의 기업과 브랜드는 2024년 하반기부터 시작된 갑작스러운 트래픽 변화에 당황스러움을 표하고 있다. 트래픽 유입 채널에 대해 분석하고 있다면, 검색 채널을 통한 유입에 큰 변화가 있다는 사실을 깨달았을 것이다. 2025년 6월 미국 기준으로, 전통적인 검색을 통한 유입 트래픽은 평균적으로 약 15~25% 감소한 것으로 보인다.

구글 검색의 점유율이 매우 높은 미국의 사례를 보면, 구글의 검색 결과 페이지Search Engine Results Page, SERP에 AI 개요가 적용되었을 때 CTR(클릭률)이 56% 감소한다는 자료(미국 온라인 미디어 메일 온라인Mail Online)와, 1위 링크의 클릭률이 34.5%까지 떨어진다는 자료(SEO 전문 업체 서퍼SEOSurferSEO)[2] 등을 고려하면 약 15~25%의 유입 트래픽 감소율이 납득된다.

'제로클릭 쇼크'는 한국에서도 분명 시작되었다

한국에서는 아직 제로클릭 관련한 구체적인 사례가 보고, 공유되지 않았다. 가장 큰 이유는 네이버가 강력한 포털서비스를 제공하며 검색 점유율을 50% 이상 장악하고 있다는 특수성 때문이다.

하지만 분명히 많은 기업들이 현재 트래픽 변화를 겪고 있을 것이다. 한국의 검색 점유율에서 네이버가 차지하는 비율은 이미 50% 후반대로 하락했고 구글은 거의 40%까지 올라왔다. 한국의 리서치 기업 와이즈앱에 따르면 2025년 4월 챗GPT의 MAU(월간 활성사용자수)는 1,748만 명[3]이며, 경쟁사의 생성형 AI MAU를 합치면 2천만 명을 돌파했다. 네이버에도 2025년 3월부터 검색 결과 페이지에 'AI 브리핑'이 적용되어 있다.

이런 상황에서 기업과 브랜드들이 트래픽 변화를 겪지 않을 리 없다. 실제로 일부 회사 트래픽이 갑자기 약 15% 감소했다거나 오히려 5% 정도 증가했다는 케이스들이 조금씩 들려오고 있다.

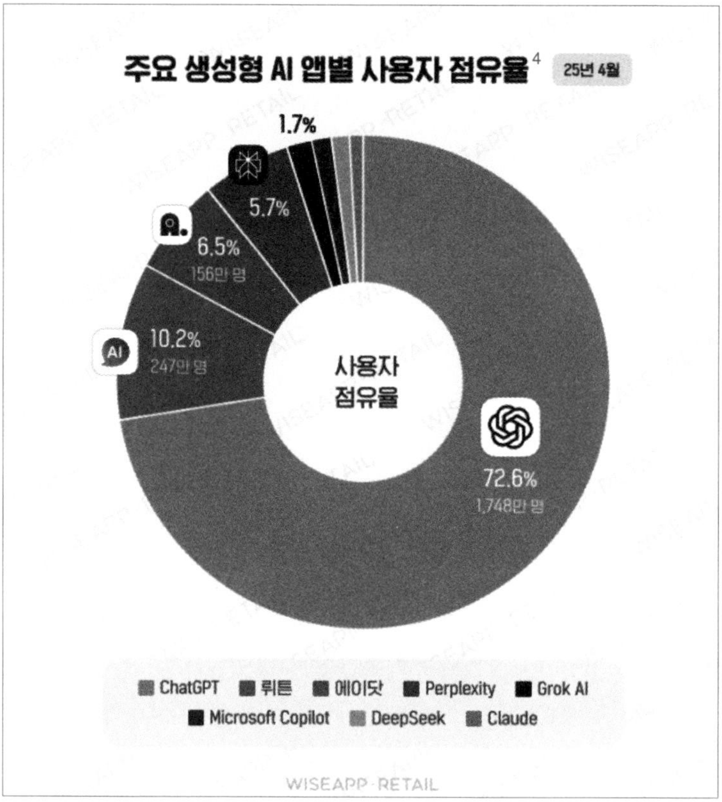

▲ 주요 생성형 AI 서비스 중 챗GPT의 사용자 점유율이 가장 높으며 뤼튼, 에이닷 등이 그 뒤를 잇는다.

제로클릭 쇼크가 산업에 미치는 영향

AI로 인한 제로클릭은 어떤 비즈니스 산업에 영향을 미칠까? 단순히 검색 결과에 많이 의존하는 IT 서비스 기업이 영향을 받을 것이라고 추정하겠지만, 이 거대한 파도는 특정 산업만 골라서 덮치지 않는다.

미국의 온라인 교육 회사 체그Chegg는 2025년 2월 구글을 상대로 소송을 제기하며 구글 검색엔진의 AI 도입으로 인해 트래픽이 무려 49% 급감했고, 매출 또한 전년 동기 대비 24% 감소했다고 주장했다. 체그는 소송장에서 2025년 1월의 비구독자Non Subscriber(구독 중이 아니므로 검색 등으로 유입될 가능성이 높은 사용자) 트래픽이 전년 동기 대비 49%까지 급감했다고 주장했다.[5] 심지어 미국의 DIY 홈 프로젝트 웹사이트인 찰스턴 크래프티드Charleston Crafted는 1개월 만에 웹사이트 트래픽의 70%를 잃었다.[6]

모든 산업 분야가 제로클릭의 영향권

다른 카테고리의 산업들은 어떨까? 사실상 카테고리를 가리지 않고 거의 모든 산업군이 제로클릭의 영향을 받고 있다. 시밀러웹 Similarweb이 2년간 중소 규모 웹사이트 샘플의 웹 트래픽을 수집하여 분석한 결과 패션 및 라이프스타일, 여행, DIY 및 홈 디자인, 요리 등 분석 대상인 네 가지 카테고리 모두에서 트래픽이 감소했음을 발견했다.

구글 AI 오버뷰가 많이 생성되는 산업 카테고리는 B2B 기술, 헬스케어, 교육, 보험이라는 SEO 전문회사 브라이트엣지의 보고서도 주목할 만하다. 독점적 위치를 차지했던 검색 결과 페이지에 등장한 AI 요약은 곧 해당 카테고리에 속한 웹사이트들의 트래픽 감소를 야기할 수 있는 강력한 요인이다.

상기 보고서를 통한 인사이트를 참고할 수는 있겠지만, 개인적으로 제로클릭에 대해서 카테고리별로 디지털 측면에서의 영향도를 따지는 것은 효과적이지 않다고 생각한다. 앞으로도 AI 검색은 빠른 속도로 발전할 것이기에 모든 산업 카테고리에서 제로클릭에 의한 디지털 영향도가 있다고 판단해야 한다.

× NOTE ×

이 책에서는 '디지털 영향도(Digital Impact)'를 사회적 의미가 아닌, 비즈니스 관점에서 정의하였다. 즉, 디지털 영향도란 '기업이 웹, 모바일, 소셜 미디어 등 디지털 채널 전반에서 확보한 브랜드 가시성과 고객의 선택을 이끌어내는 힘의 총량'이다.

산업별 AI 오버뷰 성장률(2024.05.~2025.05.)[7]

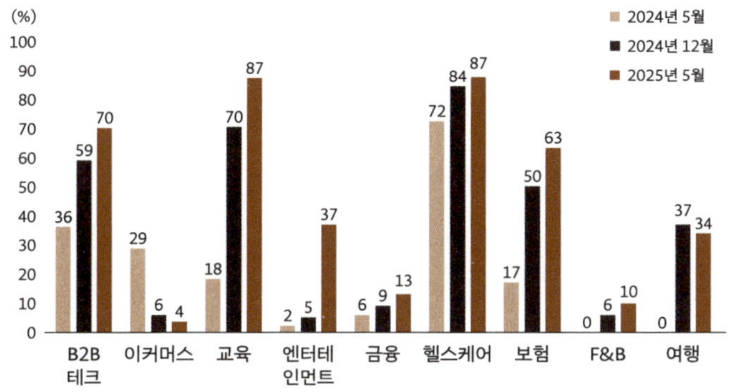

▲ B2B 기술 검색에서 AI 요약 비중이 빠르게 확대되고 있으며, 교육 관련 쿼리에서는 AI 요약이 거의 기본값이 될 전망이다. 건강·의료 관련 검색은 AI가 사실상 표준 답변 채널로 자리매김했으며, 보험 관련 AI 오버뷰는 1년간 4배 가까운 성장세를 보이며 보험 상품 비교, 조건 설명에 AI 활용이 급증했다.

이커머스 산업도 예외는 아니다

일반적으로 쇼핑, 특히 이커머스E-commerce는 생성형 AI의 영향을 비교적 덜 받을 것이라고 예상한다. 아마존, 쿠팡과 같은 초대형 커머스 플랫폼 내에서 키워드 형태로 작동하는 생태계이기도 하고, 검색엔진을 통해 키워드로 유입되더라도 다양한 상품을 시각적으로 비교하고 구매하는 이커머스 특유의 UX 때문이다.

하지만 쇼핑도 AI의 영향에서 자유롭지 않다. 어도비Adobe가 2025년 3월에 발표한 보고서에 따르면, 미국 소비자 5,000명을 대상으로 실시한 설문조사에서 응답자의 39%가 온라인 쇼핑에 생성형

AI를 활용했으며, 53%는 사용할 계획이라고 밝혔다. 소비자들이 생성형 AI를 활용하는 쇼핑 활동으로는 제품 조사(응답자의 55%), 제품 추천(47%), 할인 정보 검색(43%), 선물 아이디어 얻기(35%), 독특한 제품 찾기(35%), 쇼핑 목록 작성(33%)으로 나타났다.

사실 2024년 중반까지만 해도 AI를 통한 쇼핑의 구매전환율은 상당히 낮았다. 하지만 2024년 미국의 연말 쇼핑 시즌부터 AI를 통한 구매전환율이 빠르게 상승하고 있다. 2024년 7월 기준 리테일의 구매전환율은 일반 트래픽 약 1.9%, 생성형 AI 트래픽 약 1.1%였다. 그러나 2025년 2월에는 일반 트래픽은 약 1.9%로 동일한 반면 생성형 AI 트래픽은 1.7%로 상승하여, 생성형 AI를 통한 구매전환율이 상승세에 있음을 보여준다. 2025년 11월, 오픈AI는

소매(리테일) 산업에서 생성형 AI 및 일반 트래픽의 구매 전환율 추이 비교[8]

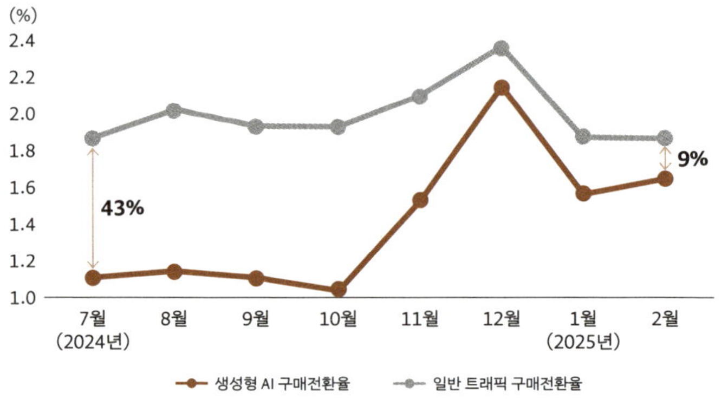

▲ 불과 7개월 만에 생성형 AI와 일반 트래픽의 구매 전환율 차이가 9%로 좁혀졌다. 초반에는 사용자들이 AI 기반 쇼핑에 익숙하지 않아 전환율이 낮았으나, 시간이 지남에 따라 AI 추천·검색 기반 전환율이 급격히 개선되었다.

챗GPT에 쇼핑 리서치 기능을 추가하며 커머스 서비스에도 참전하기 시작했다.

더욱 험난한 뉴스미디어 업계

제로클릭에 대한 뉴욕 포스트New York Post의 2025년 7월 기사를 살펴보자. 제로클릭 효과, 즉 클릭률 감소로 인해 뉴스미디어로 유입되는 전체 트래픽이 2024년 중반 23억 명에서 2025년 5월 17억 명까지 줄었다고 보도했다. 특히 CNN을 포함한 상위 50개 뉴스 도메인 중 37개가 2024년 대비 2025년 트래픽이 감소한 것으로 나타났다.[9]

챗GPT의 경우, 뉴스미디어로의 추천 수가 2024년 1~5월 약 100만 건에서 2025년 1~5월 2,500만 건으로 25배나 폭증했으며 이로 인해 로이터, 뉴욕 포스트, 비즈니스 인사이더 같은 매체들이 주요 수혜자가 되었다. 문제는 챗GPT와 구글 AI의 추천을 받지 못한 뉴스미디어는 제로클릭 효과까지 겹쳐 향후 빠르게 도태될 위험에 처했다는 사실이다.

실제로 2025년 9월 펜스키 그룹Penske Media Corporation(PMC)(롤링스톤, 빌보드, 헐리우드 리포터, 버라이어티 등을 소유한 언론사)은 구글의 AI 요약으로 인한 자사 그룹의 웹사이트 트래픽 하락과 콘텐츠 무단 사용에 대해서 구글에 소송을 제기했다. 펜스키 그룹은 트래픽 하락으로 인해 2024년 말까지의 제휴 수익이 최고치 대비 1/3 이상 감

소했다고 주장했다.[10]

국내에서도 뉴스미디어의 트래픽 감소에 대한 심각성이 대두되기 시작했다. 2025년 5월 한국언론진흥재단의 KPF 보고서「다가오는 제로클릭 시대」에 따르면, 챗GPT 이용 시 뉴스 관련 질의 중 언론사 사이트로 이동하는 트래픽 전환율은 0.62%에 그친다고 보고했다(참고: 챗GPT는 2024년 11월부터 일부 사용자에게 searchGPT, 즉 웹 검색과 링크를 제공하는 기능을 서비스하기 시작하여 2025년 4월 전체 사용자에게 확대했다).[11]

챗GPT와 이용자 클릭 소멸 단계[12]

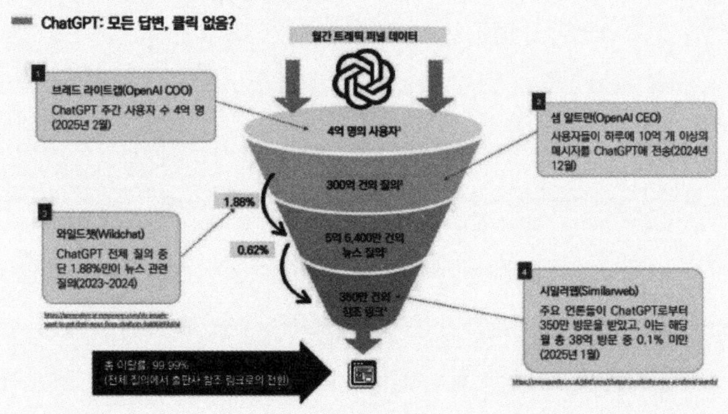

▲ 2025년 챗GPT의 주간 사용자 수는 4억 명이지만, 이 중에서 겨우 350만 건이 뉴스 사이트로 연결된다. AI 검색 이용이 보편화됨에 따라 앞으로도 뉴스 사이트 트래픽의 급격한 감소가 예상된다.

한국에서는 아직 미국 수준의 큰 변화가 발생하지는 않았지만, 뉴스미디어 쪽에서 빠른 속도로 미국과 유사한 방향의 변화가 생길 것임은 명백해 보인다.

가장 빠르게 타격 입을 '답변' 관련 서비스

나는 가설을 하나 세웠다. 생성형 AI가 '요약하고 답변을 제공하는 것'에 탁월하다면, 그와 관련한 서비스들이 가장 먼저 타격을 입을 것이라는 가설이었다. 국내에서 관련 자료를 찾거나 추적하기는 쉽지 않았지만 다행히 미국의 서치 엔진 랜드Search Engine Land에서 유사한 자료를 찾았다.[13 14]

실제로 '답변'과 관련한 서비스와 산업이 큰 영향을 받고 있었다. 3개월 동안 수십 개의 웹사이트를 추적한 결론은 아래와 같다.

- **교육 및 구독 플랫폼:** 답변을 제공하는 모든 서비스(온라인 튜터링, 백과사전 등)가 취약해짐. 이제 구글이 대신 답변을 제공하기 때문
- **건강, 과학, 법률:** 이러한 분야는 정보성이 매우 높음. 건강 및 과학 웹사이트의 콘텐츠가 AI 답변 또는 요약에 게재될 수 있지만, 동시에 일반적인 유기적 트래픽은 감소할 수 있음
- **B2B 기술 및 보험:** AI 개요에 가장 자주 포함되는 분야. B2B 기업은 이러한 요약에서 신뢰할 수 있는 출처가 되기 위해 기술 및 설명 콘텐츠를 최적화해야 함
- **여행 및 엔터테인먼트:** 목적지나 엔터테인먼트 상품에 대한 복잡한 질문도 AI가 답변할 가능성이 높음

제로클릭 쇼크에 대처하지 못한 기업과 브랜드의 영향도

제로클릭에 제대로 대응하지 못하는 기업과 브랜드, 뉴스미디어는 디지털 측면에서 아래와 같은 영향을 받을 수 있다.

단기적 영향 - 특히 디지털 영향도

1. 직접적인 트래픽 감소

제로클릭의 영향으로 클릭률이 감소하고, 생성형 AI의 요약 결과에도 포함되지 못하며, 사이트 유입(트래픽)이 감소한다.

2. 마케팅 ROI(투자 대비 수익률) 악화 & 광고 수익에 영향

제로클릭 시대에 마케팅 비용 대비 효율성이 떨어지는 것은 너무 당연하다. 전체 클릭 수가 적어진다는 것은 고객 1명당 획득비용을 더 많이 써야 함을 의미한다.

트래픽 감소는 웹사이트 광고 수익에도 큰 영향을 준다.

3. 데이터 기반 의사결정의 어려움

직접 방문이 줄어들면 고객 행동 데이터도 줄어들면서 데이터로 판단하는 것이 매우 어려워진다. 특히 주요 지표(Key Metrics: Visits, Sessions, User Friction Points) 파악이 더 어려워지고, 이는 다양한 사업 및 서비스 전략 수립에도 영향을 미친다.

중장기적 영향

위에서 살펴본 몇 가지 단기적 영향만 봐도 제로클릭에 대응하지 못한 기업이 받을 중장기적 영향을 추측할 수 있다. 제로클릭이라는 의미를 다시 한번 분해해보자. 생성형 AI가 제공하는 답변에 기업과 브랜드가 포함되지 않으면, 소비자에게 노출할 채널이 사라지는 것과 같다. 생성형 AI가 제공하는 답변에 포함되더라도, 기업과 브랜드가 원하는 방향이 아닌 방식으로 답변에 인용될 수도 있다. 이때 링크를 클릭하지 않기 때문에 사람들의 머릿속에는 자칫 생성형 AI가 제공하는 몇 줄의 정보만으로 브랜드에 대한 이미지가 각인될 수 있다.

예를 들어, 대기업 A가 AI 답변에 포함되었는데 최근 발생한 사회적 문제들이 주로 인용된다고 생각해보라. 대기업 A는 브랜드

이미지에 심각한 타격을 입을 수 있다.

제로클릭에 대한 뒤늦은 대응은 기업과 브랜드의 데미지를 넘어 생존 자체를 위협하는 디지털 붕괴로 이어질 수 있다.

앱 서비스에 미칠 교묘한 영향

앱 서비스는 조금 더 교묘한 방식으로 어려움을 겪을 것이다. 예상되는 앱 서비스의 디지털 영향도는 다음과 같다.

1. 신규 사용자 획득(UA) 경로의 축소 및 왜곡

과거 혹은 기존 사용자들이 앱을 발견하는 대표적인 경로는 아래와 같다.

> 웹 검색('맛집 추천 앱', '영어 공부 앱 추천') → 리뷰 블로그나 IT 매체 방문 → 콘텐츠 확인 후 앱스토어 링크 클릭 → 앱 다운로드

하지만 제로클릭 시대에는 이 경로가 중간에서 끊어진다.

> AI 검색('맛집 추천 앱 알려줘') → AI가 블로그들을 요약하여 'A, B, C 앱의 평점이 가장 높습니다'라고 답변 → 사용자는 앱 이름만 인지하고 검색 종료

앱 서비스에서 오가닉(자연) 유입 중 가장 강력한 경로, 즉 앱 리뷰 블로그나 콘텐츠를 통해 잠재 사용자에게 어필하고 바이럴하는 수단이 막힌다는 의미다.

2. 부익부 빈익빈 현상의 심화

신규 앱들이 사용자 획득에 어려움을 겪으면 기존 앱 서비스에게는 유리할 수 있다.

신규 사용자를 획득하는 마케팅 비용도 상승할 것으로 예측된다. 오가닉 유입이 아닌 SNS와 유료 광고(Paid UA), ASO(앱스토어 최적화)의 광고비가 상대적으로 증가할 것이다.

즉, 부익부 빈익빈 현상이 심화될 가능성이 있다.

3. 딥 링크의 무력화

생각보다 많은 앱들이 딥 링크Deep Link 방식을 사용하고 있다. 제로클릭으로 딥 링크가 무력화되면, 앱의 재방문 기회가 줄어든다. 즉, 앱 서비스도 트래픽이 감소하게 된다.

예를 들어 A라는 펫푸드 앱 서비스가 있다고 가정해보자. 펫푸드는 주로 블로그를 통해 제품을 바이럴하고 딥 링크를 통해 고객을 앱 서비스로 이동시켜왔지만, 이제 AI에서 해당 제품 정보만 가져가버리는 구조이다. 앱 서비스로 이동시켜서 다양한 사용자 경험을 제공할 기회가 줄어드는 것이다.

× NOTE ×

딥 링크(Deep Link)란, 모바일 앱의 메인 '홈'이 아니라 앱 내부의 특정 콘텐츠나 기능 화면으로 곧바로 이동시키는 기술을 말한다. 예를 들어 웹이나 광고에서 특정 상품을 클릭하면, 쿠팡 앱이 열리면서 해당 상품 상세 페이지로 직행하는 경우가 딥 링크다.
만약 단말기에 앱이 설치되어 있지 않다면 앱 스토어로 이동하여 설치를 유도하고, 첫 실행 시 원래 클릭했던 목적지 화면으로 연결해주는 방식을 디퍼드 딥 링크(Deferred Deep Link)라고 한다.

지금까지 살펴본 내용은 디지털 측면에서의 영향도만을 기준으로 우려되는 요인들을 정리한 것이다. 사실 기업과 브랜드에 미칠 직간접적인 영향은 판단조차 쉽지 않다. 기업과 브랜드의 생존 자체를 위협하는 요인이 될 가능성이 높다.

당신의 비즈니스가 사라지고 있다

이제 조금 실감이 나는가? 아직도 제로클릭으로 인한 전방위적 변화는 미국에 국한된 사안이며 한국에는 너무 이른 이야기라고 생각하는가?

솔직히 말해서 불과 몇 달 전까지 나 역시 이 현상에 대해 심각하게 생각하지 않았다. 게다가 한국은 네이버라는 절대적인 포털 서비스의 생태계가 작동하기 때문에 비교적 안전지대라고 생각했다. 하지만 이제는 이 현상이 단순한 파도가 아니라 거대한 쓰나미이며, 빠른 속도로 닥쳐오고 있음을 실감하고 있다.

사람들의 검색 행동은 이미 급격하게 바뀌고 있고, 기업과 브랜드는 벌써 큰 영향을 받고 있다. 그리고 거대한 변화와 많은 일들이 사실상 2024년 중반부터 불과 1년 사이에 발생한 것이라면 실감이 나는가?

'당신의 비즈니스가 사라지고 있다.'

가장 놀라운 사실은 제로클릭에 대해 경영진은 물론 마케터조차 아직 제대로 인지하지 못한 기업과 브랜드가 상당수라는 사실이다.

독자 여러분이 지금 읽고 있는 이 책은 단순한 트렌드 리포트가 아니다. '검색 시대'가 저물고 'AI 선택의 시대'가 시작된 지금, 브랜드와 마케터, 실무자가 반드시 알아야 할 생존 전략 가이드북에 가깝다.

다음 장에서부터 본격적으로 제로클릭 시대에 살아남기 위한 방법을 알아보자. AI에게 당신의 콘텐츠가 선택받을 수 있는 방법 말이다.

이 책을 통해 얻게 될 4가지 인사이트

1. 제로클릭이 패러다임의 변화임을 납득한다.

- 단순히 클릭률이 떨어지는 현상이 아니라, 검색 패러다임이 변화하는 구조적 본질을 이해한다.
- 이로 인해 남들보다 빠르게 '기회의 문'을 발견할 수 있다.

2. 앞으로 GEO 전략이 필수인 이유를 이해한다.

- AI가 콘텐츠를 읽고, 선택하고, 답변에 포함시키는 구조를 이해하고, 일견 SEO(검색엔진최적화)와 유사해 보이지만 본질적으로 다른 GEO(생성형AI최적화) 전략이 필요함을 깨닫는다.

3. 실무에 당장 적용할 수 있는 GEO 방법론을 익힌다.

- 질문 설계, GEO 콘텐츠 전략, 테크니컬 GEO 전략을 통해 실무에 도움이 되는 방법론을 익힌다.

4. 국내의 특수한 환경에 대비할 수 있는 GEO 전략을 익힌다.

- 한국에서는 네이버 포털의 검색 점유율이 50% 이상이어서 글로벌 표준에 가까운 구글형 SEO가 잘 적용되지 않았다. 이런 상황을 고려하여 국내 실무자에게 필요한 GEO 전략을 제시한다. 이를 통해 자사 비즈니스만의 폭넓은 '디지털 해자'를 구축할 기회를 모색한다.

MEMO

2장에서 제로클릭이라는 거대한 파도가 비즈니스의 해안선을 어떻게 침식하고 있는지 목격했다. 또한 제로클릭 쇼크에 대처하기 위해 AI 최적화를 준비해야 한다는 것도 이해했다.

기존 검색엔진 시대의 검색 최적화를 SEO라고 부른다. SEO는 지금도 매우 고도화된 테크 분야이자 동시에 매우 큰 산업 분야이다.

그렇다면 급변하는 AI 환경에서 기존 온라인 검색 기반의 SEO는 이제 쓸모없는 구시대의 유물이 되어버렸을까?
SEO는 근미래에 멸종하는 것일까? 이제 SEO를 버리고
생성형 AI를 최적화하는 GEO에만 집중해야 하는 것일까?

그리고 또 하나, 앞으로도 한국 시장은 글로벌 추세와는 다른 흐름을 보일까?

한국의 SEO 시장은 네이버라는 포털로 인해 글로벌 시장과 너무나도 다르다는 의견이 많다. 그렇다면 한국은 GEO에서 자유로울지, 혹은 한국의 GEO도 글로벌 상황과 다를지에 대해 찬찬히 알아보자.

03

SEO, 위대한 유산과 새로운 가치

저물어가는 SEO?

SEO^{Search Engine Optimization}(검색엔진최적화)는 거의 20년 가까이 연구되고 지식이 누적되어온 분야다. 한국에서는 네이버라는 거대한 포털서비스의 검색 점유율이 약 58%에 달하기 때문에(2025년 8월 기준), SEO를 생소하게 느끼는 분들이 많다. 심지어 SEO를 키워드 광고로 이해하고 계신 분도 적지 않다. 하지만 글로벌 SEO의 산업 규모는 굉장히 크다. 전 세계적으로 SEO 시장 규모는 2023년 기준 700억 달러 이상으로 추산되며[1], SEO 관련 회사는 수십만 개에 이를 것으로 추정된다.

디지털 시대, 그 어느 때보다 검색엔진을 많이 사용하는 사용자들을 끌어오고 싶은 기업과 브랜드에게 SEO는 디지털 필수 전략이다. 홈페이지를 비롯하여 검색 키워드 등이 모두 SEO 전략에 맞추어 설계되어왔다(사실 조금 더 정확하게 말하자면 SEO는 검색엔진별로 차이점이 있다. 구글과 Bing, 네이버의 SEO 전략은 생각보다 많이 다르다. 하지만 일반적으로 SEO라고 하면 대부분 구글형 SEO를 일컬으므로 이 책에서 다루는 SEO 역시 구글형 SEO라고 생각해도 무방하다. 네이버형 SEO를 언급할 때는 별도로 표기하겠다).

그런데 어느 날 갑자기 생성형 AI가 등장하고 기업과 브랜드는 당장 AI 최적화에 집중해야 하는 시기가 도래했다. 그렇다면 이제 SEO는 구시대의 유물이 되어버렸을까?

결론부터 말하자면, 그렇지 않다. 더 정확히는, SEO는 끝나지 않았다. 다만 SEO가 홀로 왕좌를 차지하던 시대는 끝났으며, SEO는 새로운 가치를 찾아가고 있다. 왜 그럴까? 한번 살펴보자.

2028년, AI 검색 방문자가 기존 검색 방문자 추월

미국 SEO 양대 기업 중 하나인 셈러시Semrush는 AI 검색이 검색 엔진 트래픽에 미치는 영향을 조사했다.

사실 이 자료가 나오기 1년 반 전인 2024년 초, 가트너Gartner의 앨런 안틴Alan Antin 부사장이 'SEO 시장은 2026년까지 약 25% 감소할 것'[2]이라고 발언한 내용이 꽤 논란이 되었다.

하지만 지금은 오히려 더 공격적인 예측이 나오고 있다. 셈러시의 연구에서 나온 그래프를 보자.[3] 2028년을 기점으로 AI 검색 방문자가 기존 방문자 수를 추월하는 골든크로스가 발생할 것이고, 이 추이는 향후에도 지속될 전망이다.

트래픽 유입 출처별 연간 방문자 수 전망[4]

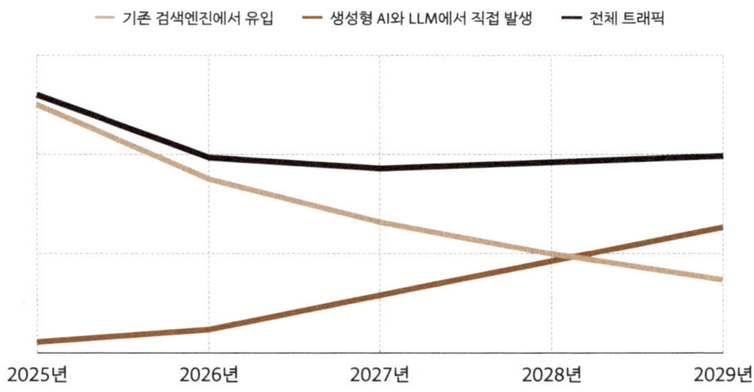

▲ 전체 트래픽 총량은 큰 변동이 없으며 검색 및 정보 탐색 수요도 줄지 않지만, 앞으로 정보를 검색하는 경로와 트래픽의 구성 비중이 완전히 달라진다.

다만, 해당 수치들의 정확성은 논외로 하자. 우리가 읽어야 할 중요한 사실은 'SEO 시장이 축소된다'는 신호 자체다.

SEO는 견고할 것이라는 의견도 있지만

일부 비판자들은 2024년 구글의 쿼리 수가 전년 동기 대비 약 21.6% 증가했고, 현재까지도 생성형 AI(챗GPT, 퍼플렉시티Perplexity, 제미나이 등)의 전체 쿼리 수를 합쳐도 구글에 비하면 매우 작은 비중을 차지하므로 SEO는 견고하다고 이야기한다. 현재를 기준으로 삼은 데이터로 보면 SEO가 견고하다는 주장은 일리가 있다. 하지만 '1~2년 후에도 이런 주장이 유효할까?'에 대해서는 회의

적이다.

왜냐하면 단순 트렌드가 아닌 패러다임의 변화이기 때문이다. 쿼리량이 아니라 검색이라는 행위의 변화에 대한 이야기다. 사용자 습관의 변화로 제로클릭이 발생하고, 이것은 거대한 검색 패러다임의 변화로 이어지고 있다. 최근 연구 결과에 따르면 '전통적인 검색엔진은 생성형 AI를 활용한 검색으로 바뀔 것인가'라는 질문에 무려 49%가 그렇다고 답변했다(Agree 35%, Strong Agree 14%). 그에 반해 전통적 검색엔진을 대체할 수 없을 것이라는 답변은 17%에 그쳤다.

우리는 검색엔진에서 AI 챗봇으로 전환할 준비가 되었는가?[5]

	전혀 동의하지 않음	동의하지 않음	보통	동의	매우 동의
AI 챗봇을 신뢰하지 않을 것이다	14%	22%	33%	18%	14%
구글의 검색 결과를 AI보다 훨씬 더 신뢰한다	5%	7%	36%	30%	22%
AI가 내 검색 방식을 바꿨다	11%	14%	34%	27%	15%
AI가 발전하면 더 많이 사용할 것이다	20%	9%	31%	34%	17%
AI가 결국 검색엔진을 대체할 것이다	**6%**	**11%**	**34%**	**35%**	**14%**

▲ 여전히 구글에 대한 신뢰도가 높지만 상당수는 이미 정보 탐색 방식의 변화를 경험하고 있으며, 응답자의 49%는 AI가 결국 기존 검색엔진을 대체할 것이라고 믿는다.

SEO는 사라지지 않는다

나는 앞서 'SEO는 구시대 유물인가요? 더 이상 의미가 없을까요?'라는 질문에 명확하게 '아니다'라고 대답했다.

다음 장에서 설명하겠지만 사실 생성형 AI의 최적화 방법인 GEO는 기본적으로 SEO가 구축한 위대한 유산을 토대로 한다. 또한 SEO 시장 규모가 워낙 크고 여전히 수많은 산업과 기업에서 SEO를 통해 디지털 영향도를 얻기 때문에 순식간에 사라질 리도 없다.

다만 어느 정도의 범위인지 예측하기는 어렵지만, 적어도 전통적인 방식의 SEO가 축소될 것이라는 전망에는 대부분 동의한다. 그리고 여기에 또 다른 재미있는 데이터가 있다.

SEO의 새로운 가치 발견[6]

1. AI 검색에서 클릭을 통해 유입된 사용자는 일반 검색엔진에서 클릭을 통해 유입된 사용자보다 약 4.4배 더 가치 있다.

- AI 검색 방문자는 AI가 사용자의 구매 의향이나 관심도를 높인 상태에서 사이트로 유입되므로 전환율이 더 높다.

LLM 기반 검색과 전통적 검색(SEO)의 예상 가치 비교[7]

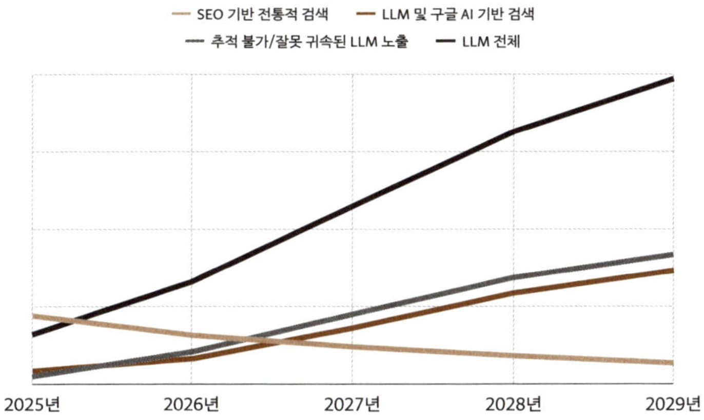

▲ 전통적 검색의 가치는 점점 감소하여 2026년 이후에는 LLM(거대언어모델) 등에 추월당할 전망이다. 즉, SEO만으로는 미래 검색 트래픽과 가치를 지키기 어려우며, 기존 SEO 툴들이 놓치고 있는 LLM의 영향력이 크다는 점을 시사한다.

2. AI 답변은 구글 검색 결과 3페이지 이후의 내용을 더 많이 인용한다.

- 새로운 최적화의 기회다. 챗GPT의 웹 인용 문서의 약 90%는 3페이지 이후의 심층 콘텐츠다.

- 이는 기존 SEO 순위와 무관하므로, 그동안 노출 기회가 적었던 기업과 브랜드에게 새로운 기회가 될 수 있다.

3. AI 최적화도 사실 SEO의 인프라를 토대로 이뤄진다.

- AI는 답변을 생성할 때 신뢰할 수 있는 웹 콘텐츠에 의존한다.
- '신뢰'는 구글 SEO에서도 가장 중요한 전략 중 하나로, 구글 검색 품질 평가자 가이드라인의 E-E-A-T(경험, 전문성, 권위, 신뢰)에도 반드시 포함된다. 신뢰는 AI 최적화에도 중요한 요인이다.

SEO의 본질: 성공적인 디지털 건축의 세 기둥

지금까지 SEO가 새로운 변화를 맞이하여 축소되고 있지만, 새로운 가치를 발견하고 있다는 이야기를 했다. 다만, 독자분들 중에는 AI 최적화, 즉 GEO를 다루는 책인데 왜 SEO 이야기를 하는지 궁금해하는 분들도 계실지 모른다. 앞서 말했지만 사실 AI 최적화를 논의함에 있어서 SEO는 매우 중요하다. 왜냐하면 AI 최적화는 SEO가 구축한 인프라 위에서 이뤄진다고 해도 과언이 아니기 때문이다.

SEO는 거의 20년 가까이 연구되고 지식이 누적되어온 분야이며, 특히 검색엔진을 많이 사용하는 사용자를 사로잡아야 하는 기업과 브랜드에게는 디지털 필수 전략이다. 구글과 같은 검색엔진 서비스들은 최선의 검색 품질을 위해 기업과 브랜드 홈페이지에 가이드라인을 제시해왔다. 그 결과 현재 브랜드 홈페이지를 비롯한 키워드 전략 등이 사실상 SEO 전략에 맞추어 설계되어 있다고 해도 과언이 아니다.

AI가 답변을 선택하는 방식, 즉 AI 최적화는 SEO와 전략적으로는 다르지만 앞서 언급한 바와 같이 기본적으로 SEO가 구축한 인프라 위에서 이뤄진다. 특히 구글의 검색 품질 평가자 가이드라인인 E-E-A-T(경험, 전문성, 권위, 신뢰)는 AI 최적화에도 동일하게 적용되는 매우 중요한 요소이다.

앞으로 활용해야 할 SEO의 3가지 핵심 요소

우리는 AI 최적화에 대해 알고 싶다. 하지만 AI 최적화는 SEO가 구축한 인프라를 토대로 이뤄지므로 먼저 SEO를 짚고 넘어가자. 우리가 가장 본질적으로 활용해야 할 SEO의 핵심 요소는 무엇일까?

나는 SEO란 온라인에 존재하는 나의 모든 콘텐츠를 검색엔진과 잠재 고객이 가장 '발견하기 쉽고', '이해하기 좋고', '신뢰할 수 있는' 형태로 설계하는 디지털 건축 행위라고 정의하고 싶다. 이 건축은 크게 세 가지 기둥으로 이루어지며, 각 요소에 대한 구글과 네이버의 전략은 조금 다르다.

- 온페이지 SEO(On-Page SEO): 고객이 '사이트 안에서' 마주하는 콘텐츠

- 기술적 SEO(Technical SEO): 사이트를 읽고 평가하는 '기반 구조'
- 오프페이지 SEO(Off-Page SEO): 외부 세계에서 얻는 '신뢰와 평가'

1. 온페이지 SEO: 최고의 메뉴판과 매력적인 인테리어

고객이 내 웹사이트에 들어와서 마주하는 모든 것, 즉 '내부'를 최적화하는 활동이다. 사용자의 검색 의도(정보탐색형, 거래형 등)를 파악하여 그에 부합하는 최고의 콘텐츠를 제공하는 것이 핵심이다. 성공적인 온페이지 SEO는 이를 위해 제목, 소제목, 본문 등에 키워드를 정교하게 배치하고, 콘텐츠의 구조를 명확하게 드러낸다.

- [구글 vs. 네이버] 구글은 독립적으로 잘 지어진 웹사이트를 선호하지만, 네이버는 자신이 운영하는 플랫폼(네이버 블로그, 카페) 내의 콘텐츠를 훨씬 더 선호한다는 결정적 차이가 있다.

2. 기술적 SEO: 쾌적한 동선과 완벽한 주방 시스템

눈에 보이지 않지만 사이트의 성패를 좌우하는 기반 시설이다. 검색엔진 로봇이 사이트를 원활하게 방문하고(크롤링), 메뉴판을 정확히 읽어 갈 수 있도록(인덱싱) 만드는 모든 기술적 활동을 포함한다. 사이트맵 제출, 빠른 페이지 속도(Core Web Vitals), 모바일 친화성, HTTPS 보안 등이 모두 기술적 SEO에 해당한다.

- [구글 vs. 네이버] 구글은 기술적 요소를 매우 엄격하게 평가하지만,

네이버는 상대적으로 관대한 편이다. 하지만 기술적 기본기는 이제 모든 웹사이트의 '기본 예절'이다.

3. 오프페이지 SEO: 세상의 평가와 좋은 평판

웹사이트 '외부'에서 일어나는 모든 평판 활동이다.

- [구글 vs. 네이버] 구글은 신뢰도 높은 외부 사이트로부터 받은 링크(백링크)를 '권위 있는 추천서'로 간주하여 웹사이트의 권위를 평가한다(페이지랭크). 유력 언론사나 공공기관의 링크 한 개가 스팸 링크 수십 개보다 훨씬 강력하다.

  반면 네이버는 외부 추천서보다 자신이 운영하는 생태계 내부의 '콘텐츠'를 더 신뢰한다. 특정 주제에 대한 꾸준한 발행(C-Rank)과 사용자의 공감·댓글(D.I.A.)이 순위를 결정하는 핵심 요소다.

SEO는 검색엔진의 특성에 맞춰 세 기둥을 유기적으로 결합하는 견고하고도 까다로운 기술이다. 이제 이 단단한 토대 위에 어떻게 GEO라는 새로운 건축물을 지을지 이야기할 차례이다.

× NOTE ×

SEO에서 백링크가 차지하고 있던 절대적인 영향력이 줄어들고 있다는 기사와 전문가 칼럼이 이어지고 있다. 서치 엔진 랜드의 기사 「How important are backlinks for SEO in 2026?(2026년 SEO에서 백링크는 얼마나 중요할까?)」에 따르면 백링크는 여전히 중요하긴 하지만, 전통적인 링크 빌딩(Link Building) 방식은 점점 효과가 떨어지고 있으며 AI 관련 인용(Co-Citation), 특정 맥락(Context)에서의 언급이 더 중요해질 것으로 전망한다.[8]

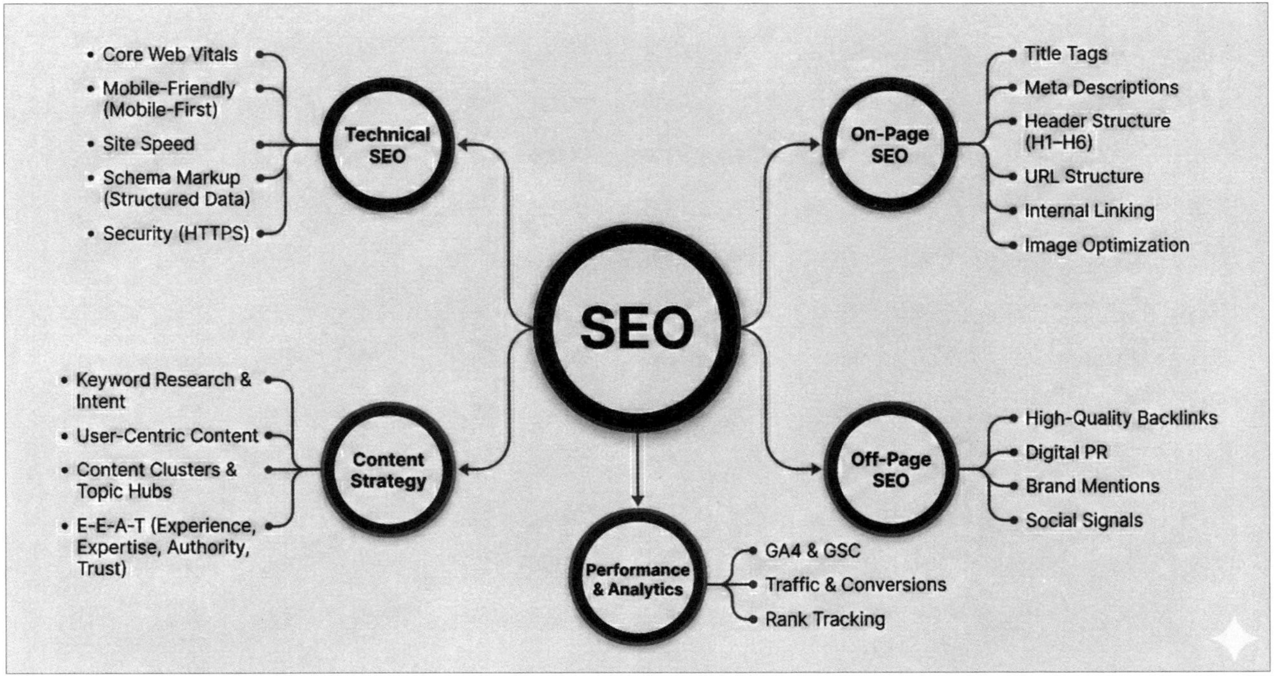
SEO
Technical SEO
Core Web Vitals
Mobile-Friendly (Mobile-First)
Site Speed
Schema Markup (Structured Data)
Security (HTTPS)
On-Page SEO
Title Tags
Meta Descriptions
Header Structure (H1–H6)
URL Structure
Internal Linking
Image Optimization
Content Strategy
Keyword Research & Intent
User-Centric Content
Content Clusters & Topic Hubs
E-E-A-T (Experience, Expertise, Authority, Trust)
Off-Page SEO
High-Quality Backlinks
Digital PR
Brand Mentions
Social Signals
Performance & Analytics
GA4 & GSC
Traffic & Conversions
Rank Tracking

▲ SEO의 개념 도식화

한국 SEO의 특수성

분명히 이런 반론이 있을 것이다.

'한국은 글로벌 SEO와 성격이 다르다. 네이버와 구글의 SEO 전략이 실로 매우 다르다. 그렇기 때문에 국내 기업에서 구글 방식의 SEO 전략은 그다지 중요하지 않다.'

이 말은 절반은 맞고 절반은 틀렸다. 일단 구글과 네이버의 SEO 전략 차이에 대해 알아보자. SEO 기반의 AI 최적화를 이해하는 데 매우 큰 도움이 될 것이다.

구글과 네이버 SEO 비교·분석

앞서 살펴본 SEO의 3가지 핵심 요소인 온페이지 SEO(콘텐츠 전략), 기술적 SEO(기술적 완성도), 오프페이지 SEO(권위 구축 방식)를 기준으로 구글과 네이버의 SEO 전략을 비교, 분석해보자.

1. 콘텐츠 전략: 독립 레스토랑 vs. 백화점 입점 매장

구글은 독립적으로 잘 지어진 개별 레스토랑(자사 웹사이트, 전문 블로그)을 높게 평가한다. 자신만의 독창적인 메뉴와 깊이를 갖춘 콘텐츠가 담겨 있다면, 신생 레스토랑이라도 구글이라는 미식 가이드 상단에 오를 기회를 얻는다. 구글의 목표는 손님을 최고의 레스토랑으로 안내하는 '관문(Gateway)'이기 때문이다.

네이버는 자신이 직접 운영하는 거대한 백화점(네이버 플랫폼)에 입점한 매장, 즉 네이버 블로그 및 카페의 콘텐츠를 압도적으로 선호한다. 독립 레스토랑은 아무리 훌륭해도 백화점 밖에 있다는 이유만으로 좋은 자리를 차지하기가 매우 어렵다. 네이버의 목표는 고객을 백화점 안에 최대한 오래 머물게 하는 '성(Walled Garden)'을 구축하는 것이기 때문이다(물론 '브랜드검색' 같은 값비싼 광고를 집행하면 백화점 1층에 오픈하듯이 좋은 자리를 준다).

2. 기술적 완성도: 깐깐한 건축 심사관 vs. 인테리어를 더 중시하는 건물주

구글은 웹사이트의 기술적 기반을 매우 엄격하게 평가하는 깐깐한 건축 심사관에 비유할 수 있다. 사이트의 로딩 속도(Core Web Vitals), 모바일 친화성, 보안(HTTPS) 등에서의 기술적 결함은 검색 순위에 큰 영향을 미친다.

네이버는 상대적으로 기술적 요소에 관대하며, 그보다는 콘텐츠 내부의 인테리어(가독성, 이미지·동영상 활용)를 더 중요하게 보는 경향이 있다. 하지만 네이버 역시 검색 품질을 높이기 위해 기술적 기본기를 점점 더 중요하게 보고 있으므로, 사이트의 품질 등은 모든 웹사이트가 갖춰야 할 '기본 예절'이라고 생각해야 한다.

3. 권위 구축 방식: 외부 세계의 평판 vs. 내부 커뮤니티에서의 영향력

구글의 권위는 외부 세계의 평판, 특히 백링크Backlink에서 나온다. 뉴욕 타임스나 BBC 같은 권위 있는 외부 언론사가 내 레스토랑을 '최고'라고 인용(링크)해주면 레스토랑의 권위가 올라가듯, 구글도 기업 및 브랜드 사이트가 타 사이트와 기관에서 인용되는 것을 매우 중요하게 생각한다.

네이버의 권위는 내부 커뮤니티에서의 영향력으로부터 나온다. 네이버도 언론 보도, 기관 사이트 등의 권위 있는 출처를 중요하게 생각하지만 자신이 운영하는 백화점 내부의 입소문, 즉 내부 신호를 중요시하는 경향이 있다. 또한 특정 주제에 대해 얼마나 주기적으로 꾸준히 좋은 콘텐츠를 발행하는지(C-Rank), 그리고 그 콘텐츠에 대해 사용자들이 얼마나 많은 공감과 댓글을 남기는지(D.I.A. 로직)가 권위를 결정하는 주요 요소이다.

× NOTE ×

D.I.A. 로직(Deep Intent Analysis)이란 네이버가 공개한 차세대 검색 알고리즘으로, 사용자의 검색 의도를 파악해서 사용자가 진짜 원하는 답변을 제공하고자 노력한다. 이를 위해 콘텐츠 적합성과 사용자 행동 데이터(공감, 댓글, 공유 등), 그리고 출처 신뢰도 등의 요소를 반영하는 것으로 알려져 있다.

결론적으로 '한국 SEO가 다르다'는 말은 사실이다. 구글이 외부 세계로부터의 '권위와 신뢰'를 바탕으로 한 보편적 원칙을 따르는 반면, 네이버는 자사 생태계 내에서의 '활동성과 영향력'을 중심으로 한 독자적인 규칙을 가지고 있기 때문이다.

저물어가는 네이버 독점 시대

한국의 SEO는 네이버라는 포털의 특수성으로 인해 글로벌 SEO와 다른 것이 사실이다. 하지만 조금 다른 관점에서 살펴보자.

1. 구글의 검색 점유율이 빠르게 올라가고 있다.

ICT 정보통신기획평가원이 발간한 『ICT Brief』 2024-39호에 따르면, 검색 점유율은 2015년 네이버 78.1%, 구글 7.3%에서 2024년 네이버 57.3%, 구글 33.9%까지 좁혀졌다. 특히 2024년부터 네이버의 검색 점유율이 급격하게 하락하고 있다.

2. 챗GPT의 국내 MAU가 1,700만 명을 넘었다.

그에 반해 네이버의 LLM 모델인 하이퍼클로바X의 시장 점유율은 매우 부진하다. 물론 주로 '패스트 팔로워Fast Follower' 전략을 쓰는 네이버가 2026년부터 생성형 AI 서비스를 빠르게 성장시킬 수도 있다(진심으로 그렇게 되길 바란다). 하지만 스스로 발전하는 AI의 특성상, 패스트 팔로워 전략이 성공하기는 매우 어려운 구조이다. 애초에 네이버가 '소버린Sovereign AI'를 주장한 것은 자본력과 기술

력의 격차도 있지만 이런 구조적 한계를 반영한 것이 아닐까 생각한다.

국내 검색 시장 점유율 현황(%)[9]

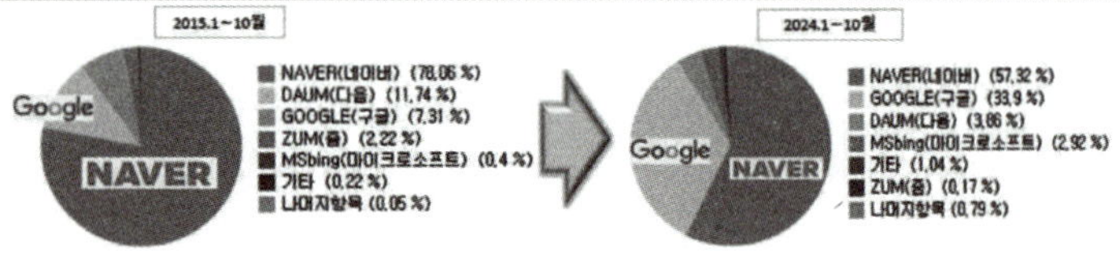

자료 : 인터넷 트렌드, 2024.11.6

▲ 네이버의 국내 검색 점유율은 9년 사이 약 20%포인트 감소했으며, 구글은 2015년 7.31%에서 2024년 33.9%로 급성장했다.

네이버형 SEO에 대한 집착을 버리고 GEO를 준비하라

한국은 네이버형 SEO가 지배적인 시장이었지만, 네이버의 국내 검색 점유율은 구글에게 빠르게 따라잡히고 있다. 게다가 챗GPT와 퍼플렉시티, 제미나이 등을 필두로 한 생성형 AI의 국내 검색 시장 침투도 굉장히 빠르다.

문제는 한국의 SEO는 생각보다 상황이 복잡하다는 점이다. 사실 네이버 SEO는 홈페이지 품질의 중요도가 상대적으로 높지 않다. 오히려 네이버 플랫폼에 있는 블로그나 카페를 활용하여 자주 콘텐츠를 생성해서 검색 상위 노출을 유지하고, 퍼포먼스 광고 등을 통해 홈페이지로 유입되도록 유도하는 구조에 가깝다(약간 나이브한 설명이지만 꽤 많이 동의하실 것이라 생각한다).

이런 상황에서 갑자기 구글형 SEO와 심지어 GEO까지 해야 한다니 머리가 복잡해질 것이다. 하지만 한국도 이미 새로운 국면을 맞이하고 있다는 사실은 부인하기 어렵다. 일부 대기업에서는 꽤 오래전부터 구글, Bing 등 글로벌 SEO를 채택하고 있다.

지금 시점은 선택의 기로가 아니다. 빠르게 GEO를 준비하고 적용한 기업에게는 새로운 기회가 열리고, 과거에 안주하는 기업은 도태할 수 있는 극단적인 생존의 기로라고 생각한다.

우리는 지금 GEO를 준비해야 한다.

3장에서 SEO가 점점 위태로워지는 왕좌를 지키기 위해 어떻게 새로운 가치를 찾고 있는지, SEO가 왜 AI 최적화 전략의 단단한 토대가 되는지 알아보았다. 그리고 한국형 SEO와 글로벌 SEO의 차이점도 살펴보았다.

현재 우리가 집중해야 할 것은 검색 패러다임의 거대한 변화가 이미 시작되었고, 사람들은 예상보다 훨씬 더 빠르게 AI 검색 행동에 익숙해지고 편리해지고 있다는 사실이다. 변화는 불과 1년도 안 되어 제로클릭 쇼크 현상으로 나타났다.

이제 우리는 기존의 토대 위에 완전히 새로운 개념의 건축물인 GEO를 세워야만 한다.

04

GEO, 새로운 최적화 패러다임

AI 최적화의 개념

AI 최적화 용어 정리

SEO와 GEO, 무엇이 다른가?

AI 최적화의 개념

논의 대상 정의하기

AI 최적화AI Engine Optimization의 개념을 설명하기 전에 반드시 짚고 넘어가야 할 것이 있다.

우리가 이 책에서 논의할 'AI Engine Optimization'이라는 개념의 논의 대상은 주로 생성형 AI(챗GPT, 퍼플렉시티, 제미나이, 클로드Claude, 그록Grok 등)에서 사용하는 '정보 검색'이다. 또한 구글과 네이버 같은 전통적인 검색엔진에서 제공하는 'AI 요약'도 동일한 논의 대상으로 다룰 예정이다(사실 검색엔진 내 AI 요약에 대해서는 AEO라는 개념이 있지만, 점점 GEO의 개념에 포괄되어 사용되고 있다).

GEO의 대상을 주요 생성형 AI 서비스와 검색엔진의 AI 요약으로 한정하는 이유는, 현재 시점 기준으로 가장 많은 사용자가 이용하고 있는 서비스이기 때문이다. 하지만 앞으로도 그럴 것인가,

가령 우리가 챗GPT를 5년 후에도 지금의 검색엔진처럼 사용할 것인가에 대해서는 누구도 전혀 예단할 수 없다. 그래서 사용 방식이 아닌 구조적 접근이 반드시 필요하다.

구조적 원리로 접근하는 AI 최적화

이 책에서는 서비스의 사용 형태가 아닌 구조적 원리로 AI 최적화를 다루고자 하며, 다음 두 가지 원리를 전제로 GEO 전략을 전개한다.

첫째, 사용자가 'AI에게 질문한다'는 검색 행동은 계속될 가능성이 높다. 챗GPT와 같은 생성형 AI 서비스든, AI 에이전트든, 웨어러블이든, 형태는 바뀌어도 사람이 AI에게 묻고 AI가 요약해주는 방식은 효율성 면에서 너무 강력하기 때문이다(심지어 AI 에이전트는 답변에 더해 행동까지 한다).

둘째, AI가 답변을 만드는 핵심 알고리즘 구조는 유지될 가능성이 높다. 현재 주요 생성형 AI 서비스는 공통적으로 LLM과 외부 지식 결합Grounding 구조를 채택한다. 서비스마다 검색 결과 결합 방식, 인덱스 구조, 인용 데이터의 세분화된 정도Granularity 등 세부 구현 방식은 다르지만 기본적으로 콘텐츠를 분할 · 벡터화하고, 문맥과 유사도 기반으로 추출 · 요약하는 과정이 핵심 알고리즘으로 자리 잡았다(이 부분은 뒤에서 좀 더 자세히 다루겠다).

향후 서비스 형태가 MCP(멀티모달 검색), AI 에이전트, 브라우저 확장 등 다양한 방식으로 진화하더라도 '콘텐츠를 잘게 나눠 벡터화하고, 문맥과 유사도 기반으로 추출해서 요약하는 알고리즘 구조'는 계속 유지될 가능성이 높다. 따라서 우리가 알아야 할 것은 특정 기술이나 서비스가 아니라 'AI가 콘텐츠를 읽고 선택하는 방식 그 자체'이다.

이런 관점에서 AI 최적화란 AI가 답변을 생성할 때 우리의 콘텐츠가 인용되고 노출되도록 설계하는 전략이라고 정의할 수 있다. 즉, 검색 상위 노출이 아니라 AI의 '선택'을 유도하는 전략이다.

AI 최적화 용어 정리

AI 최적화 혹은 'AI Engine Optimization'이라는 개념이 알려진 지 불과 수년밖에 되지 않았다. 그래서인지 아직 용어도 명확히 통일되어 있지 않다. 2025년 7월 기준 가장 많이 사용되는 AI 최적화 관련 용어는 다음과 같다.

- GEO(Generative Engine Optimization): 생성형 AI 최적화를 표현하는 가장 보편적인 단어
- AIO(Artificial Intelligence Optimization): 위키피디아에 등록되어 있으며, GEO와 함께 보편적 용어
- AIEO(Artificial Intelligence Engine Optimization): 포괄적 개념이지만 언론사나 전문 기업에서 사용 빈도가 낮음
- AEO(Answer Engine Optimization): 주로 구글 등 검색엔진의 SERP(검색 결과 페이지) 상단에 노출되는 AI 요약을 의미

- AI SEO(AI 기반 기존 SEO 자동화): SEO와 GEO가 혼재된 개념

이 책은 'GEO'라는 용어를 표준으로 사용한다. GEO는 현재 국내외 미디어에서도 가장 많이 사용하는 단어이고, 최근 글로벌 마케팅 전문 기업들도 GEO라는 용어를 더 많이 사용하고 있다. 하여 이 책에서도 AI 최적화는 GEO라는 용어로 통일하겠다.

SEO와 GEO,
무엇이 다른가?

그렇다면 GEO는 우리가 아는 SEO와 구체적으로 무엇이, 어떻게 다를까? 핵심적인 차이를 알아보자. 네이버형 SEO는 구글로 대표되는 글로벌 SEO와 꽤 많은 차이가 있기 때문에 이 장에서는 글로벌 SEO와 GEO를 중점적으로 비교하겠다.

한 문장 요약

SEO의 목표가 '검색 결과에서 내 사이트로 유입시키는 것'이라면, GEO의 목표는 'AI 요약·답변 안에 내 콘텐츠가 인용되게 하는 것'이다.

SEO와 GEO 비교 분석

항목	SEO(검색엔진최적화)	GEO(생성형AI최적화)
목표	검색엔진 상위 노출 및 클릭 유도	AI 요약·답변에 콘텐츠/브랜드 인용 및 노출 확보
주요 대상	구글, 네이버 등 검색 크롤러와 알고리즘	챗GPT, 제미나이, 퍼플렉시티 등 LLM과 검색엔진 AI 요약
작동 원리	크롤링→색인(인덱싱)→랭킹→노출	청크화→벡터화→유사도 기반 선택→요약·응답 생성 (+ Grounding)
콘텐츠 전략	키워드 중심 설계, 메타태그, 백링크, 문서 구조 최적화, E-E-A-T 신뢰도	FAQ/Q&A 강화, 스키마 구조화, 멀티미디어 활용, E-E-A-T, 최신성, 기관·언론·저자 신뢰도 강화, AI 친화적 포맷(JSON, RSS, API) 제공
성과 측정	클릭률(CTR), 검색 순위, 유입 트래픽	AI 요약 내 노출·인용 빈도, 브랜드 언급 수, AI 트래픽 비율, 제로클릭 영향도
기술적 초점	사이트맵, HTML, 로딩 속도, 모바일·접근성 최적화, 구조화 데이터	스키마 마크업, 오픈 API, 실시간·최신 데이터 연동, 콘텐츠 피드화
데이터·콘텐츠 포맷	주로 텍스트 및 표준 웹문서 포맷	텍스트 외에도 이미지, 표, 인포그래픽 등 다양한 데이터 타입 적극 활용
위험 요소	알고리즘 업데이트, SERP 변화, 순위 하락	AI 미인용, 출처 누락, 트래픽 무력화(제로클릭), AI 패널티
최적화 방법	검색엔진 친화적 구조 및 내·외부 링크 최적화	AI가 읽기 쉽게 구조화, 청크 단위 콘텐츠, 신뢰 신호, 빠른 업데이트, Grounding(예: RAG) 대응

결과 형태	링크 기반 검색 결과(클릭 유도/사이트 방문)	요약, 직접 응답(클릭 없이 내용 소비/AI 브랜드 인용) + (일부 출처 링크 및 추천 버튼 형태 제공)
참고 사항	SEO 및 GEO 혼합 전략 중요: FAQ, How-to, 최신성, 구조화 동시 운영 필요	실시간 최신 정보 제공, 오픈데이터, 브랜드 신뢰도 강화

너무 어렵게 생각하지 말자. 상기 표는 다음 장부터 하나씩 쉽게 설명하겠다. 지금은 SEO와 GEO가 어떤 차이점이 있는지만 이해해보자.

GEO가 가져온 세 가지 변화

1. 목표의 변화: '클릭'에서 '인용'으로

SEO의 최종 목표는 사용자가 내 사이트에 방문하게 만드는 '클릭'이었다. 하지만 GEO의 목표는 클릭 없이도 AI의 답변 자체에 내 브랜드와 콘텐츠가 '인용'되어 사용자의 머릿속에 각인되는 것이다.

2. 콘텐츠 전략의 변화: '키워드'에서 '질문'으로

SEO는 사용자가 검색할 '키워드'를 예측하고 배치하는 게임이었다면, GEO는 사용자가 AI에게 던질 '질문'을 예측하고 그에 대한 가장 완벽한 답변을 미리 준비하는 게임이다.

3. 기술적 초점의 변화: '검색엔진 친화성'에서 'AI 친화성'으로

SEO의 기술적 초점이 검색엔진이 이해하기 쉬운 HTML 구조와 속도에 맞춰져 있었다면, GEO는 AI가 가져다 쓰기 좋은 명확한 단위(청크)로 콘텐츠를 구조화하고, 스키마 마크업 등을 통해 정보의 의미를 명확히 알려주는 것이 핵심이다.

GEO는 SEO라는 토대 위에 세워지지만 그 목표와 전략, 기술적 접근 방식에서 완전히 새로운 패러다임을 요구한다. 그래서 GEO는 SEO 위에 얹어지는 새로운 '레이어Layer'로 보는 것이 타당하다. 이제 우리는 이 새로운 게임에서 승리하기 위한 구체적인 방법론, 즉 AI가 당신의 콘텐츠를 '선택'하게 만드는 비밀을 알아볼 것이다.

MEMO

전통적인 검색에서는 인간이 키워드를 입력하고, 검색엔진은 관련된 웹페이지 목록을 제공하는 수준에 그쳤다. 그러나 생성형 AI는 다르다. 질문을 받으면 '답'을 만들어낸다. 사용자는 더 이상 수십 개의 링크를 클릭하며 정보를 추론할 필요가 없다. AI가 스스로 정보를 선별하고 종합해 '최종적인 문장'으로 정리해주기 때문이다.

현재는 생성형 AI가 사용자들에게 많은 인기를 얻고 있지만, 몇 년 후에는 또 어떻게 바뀔지 모른다. 검색 관련 서비스들이 어떤 형태로 사용자들에게 더 높은 가치를 제공하고 많은 사용자들을 얻을지 예측조차 어렵다.

하지만 이것만은 확실하다. 인간은 본능적으로 편리하고 효율적인 것에 끌린다. 또한 우리는 AI의 답변에 가치를 느끼고 심지어 익숙해지고 있다. 그러므로 앞으로도 AI가 더 편리하고 정확하고 빠르게 답변을 주는 방식으로 발전할 것이다.
이 장에서는 바로 그 '답'이 만들어지는 과정을 상세히 살펴보고자 한다. AI는 무엇을 근거로 답을 만들며, 그 과정에 어떤 기술과 데이터가 작동하는가?

이 메커니즘을 이해하는 것은 GEO의 실천적 출발점이며, 검색 방식과 서비스의 변화에도 흔들리지 않을 기본 뼈대이다.

05

AI는 어떻게 답을 만드는가?

GEO 전략의 출발점

AI가 답을 만드는 방식

AI의 답변 과정, 요리에 빗대어 이해하기

GEO 전략의 출발점

이 책의 목적은 AI의 답변 생성 구조를 전문적이고 기술적으로 이해하는 것이 아니다. 사실 단계 하나하나마다 수많은 기술과 다양한 방식이 내포되어 있다. 하지만 우리가 그 모든 기술을 세세하게 이해할 필요는 없다. 그저 AI 최적화를 위해 관련 프로세스를 이해하는 정도면 충분하다. 조금 더 쉽게 이해하도록 돕기 위해 AI가 답변을 생성하는 프로세스 설명에 이어 이를 '요리'에 비유한 내용을 포함했다.

AI는 질문을 받으면 마치 마법처럼 답변을 내놓는다. 사실 AI는 인간처럼 '의미'를 인지하는 것이 아니라 통계적 패턴과 확률에 기반해서 처리한다. 하지만 우리가 느끼기에 AI는 유능한 연구원이 보고서를 작성하듯, 정보를 '발견'하고 '정리'하며 '선택'하고 '생성'하는 명확한 단계를 거친다. GEO 전략의 출발점은 이 과정을 이해하는 데 있다.

AI가 답을 만드는 방식

AI 답변 생성의 6단계 핵심 프로세스

1단계: 크롤링 – 세상의 정보를 '발견'

AI가 답변을 만들기 위해 제일 먼저 하는 일은 인터넷이라는 거대한 도서관에 어떤 책(콘텐츠)이 있는지 알아내는 것이다. 기본적으로 AI는 사전학습을 통해 수많은 정보를 담고 있지만, 업데이트되는 새로운 정보들이 지속적으로 필요하다. 크롤링Crawling은 AI 로봇이 웹을 돌아다니며 새로운 콘텐츠를 '발견'하고 수집하는 과정이다. 만약 당신의 콘텐츠가 기술적인 문제로 크롤링되지 않는다면, AI에게는 존재하지 않는 정보나 마찬가지이다.

2단계: 인덱싱 – 정보를 빠르게 찾기 위한 '색인' 작업

수집한 정보는 즉시 사용할 수 없다. 도서관 사서가 새 책을 서가에 꽂기 전 책의 제목, 저자, 주제를 '도서 목록(색인)'에 기록하는 것처럼 AI 시스템도 수집한 콘텐츠의 특징을 정리하여 데이터베이스에 저장한다. 이를 인덱싱Indexing이라고 한다. 특히 RAG(검색증강생성)와 같은 외부 지식 시스템에서는 이 인덱싱 과정이 잘되어야 AI가 필요할 때 해당 정보를 빠르게 찾아낼 수 있다(LLM 자체의 사전학습 단계에서는 정보가 토큰화되어 모델의 파라미터에 통합되는 방식이며, 여기서의 '색인' 개념은 외부 데이터베이스의 검색 효율을 위한 것이다).

3단계: 청킹 – AI가 소화하기 좋게 정보를 '조각'내는 과정

AI는 긴 글 전체를 한 번에 이해하지 않는다. 인덱싱된 긴 문서를 AI가 다루기 쉬운 의미 있는 '정보 조각(청크)'으로 잘게 나누는 청킹Chunking 과정을 거친다. 마치 요리사가 고깃덩어리를 통째로 요리하지 않고 스테이크용, 스튜용으로 부위를 나눠 손질하는 것과 같다. 당신의 콘텐츠 구조가 명확할수록, AI는 더 의미 있는 청크를 만들 수 있다.

4단계: 임베딩 – 정보의 '의미'를 좌표로 변환하는 과정

AI는 '의미'를 파악하기 위해 청킹된 정보 조각들을 벡터Vector라는 숫자 좌표로 변환하며, 이를 임베딩Embedding이라고 한다. 의미가 비슷한 정보들은 이 좌표 공간에서 서로 가까운 곳에 위치하게 된다. 이를 통해 AI는 '제로클릭'과 '클릭 없는 검색'이 같은 의미임을 키워드가 아닌 '의미'로 파악할 수 있다.

5단계: 그라운딩 – '외부 지식'을 연결하여 최신성과 정확성 보강

그라운딩Grounding이란 답변 생성 시 외부 지식을 연결하여 최신성과 정확성을 보강하는 모든 방식을 뜻한다. 그라운딩은 하나의 특정 기술을 지칭하는 것이 아니라, 'LLM이 내부 파라미터와 외부의 데이터에 근거해 답변을 보강하는 모든 접근'을 포괄하는 개념이다.

대표적으로 RAGRetrieval-Augmented Generation(검색증강생성)가 있으며, 이는 사용자의 질문을 벡터로 변환해 외부 지식베이스에서 유사한 정보 조각(청크)을 검색한 뒤 답변에 반영하는 기술이다. 이 외에도 API 호출을 통한 동적 그라운딩Dynamic Grounding, 실시간 데이터 피드 연결과 같은 스트리밍 그라운딩Streaming Grounding 등 다양한 방식이 존재한다.

이런 그라운딩이 필요한 이유는 최신 업데이트 정보를 답변에 반영하기 위함이다. 사용자 질문이 들어오면, AI는 이 질문의 의미(벡터)와 가장 가까운 정보 조각(청크)들을 찾아내는 '검색Retrieval' 과정을 수행한다. 생성형 AI에는 기본적으로 특정 날짜까지의 정보가 저장되어 있다. 이것을 사전학습Pre-Trained이라고 한다. 하지만 우리가 사용하는 정보는 지속적으로 업데이트된다. 그래서 AI 자체 기억력에만 의존하는 것이 아니라, 실시간으로 찾아낸 외부 정보를 참고하여 가능한 한 최신 정보로 답변을 보완한다.

이것을 개념적인 정의로 그라운딩이라고 한다. 우리가 아는 RAG나 동적 그라운딩, 스트리밍 그라운딩 등이 그라운딩에 포함된다고 할 수 있다.

6단계: LLM – 최종 답변을 '생성'하는 두뇌

마지막으로 그라운딩을 통해 선별된 최신의 핵심 정보 조각들을 재료로 삼아, LLM Large Language Model 이라는 '두뇌'가 유창하고 논리적인 문장으로 최종 답변을 '생성 Generation '한다. 우리가 보는 AI의 모든 답변은 바로 이 LLM의 작문 실력의 결과물이다.

× NOTE ×

일반적으로 RAG(Retrieval-Augmented Generation, 검색증강생성)는 친숙하게 느끼는 반면, 그라운딩(Grounding)이라는 용어는 비교적 낯설 수 있다. 그라운딩은 LLM의 응답에 외부 지식을 연결하여 최신성과 정확성을 보강하는 모든 방식을 뜻한다. RAG는 그라운딩의 대표적 구현 방식으로, 외부 지식 검색을 통해 응답을 보강한다. RAG 외에도 동적 API 호출이나 데이터베이스 연결을 통한 그라운딩 방식도 존재한다. 이 책에서는 개념을 조금 더 명확하게 하기 위해 그라운딩(대표 기술로 RAG)이라고 표현하였다.

AI가 답변을 생성하는 과정[1]

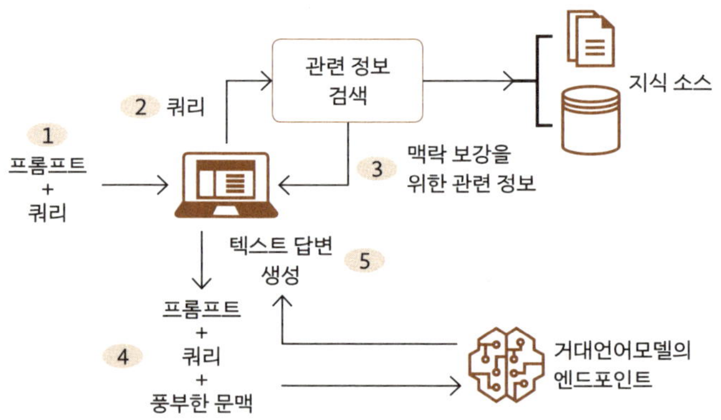

▲ LLM과 함께 RAG를 사용하는 개념적 흐름

심화 기술 - 답변의 정확도와 신뢰도를 높이는 비밀 병기

메타데이터 - 콘텐츠의 '주민등록증'

메타데이터Metadata란 콘텐츠의 제목, 설명, 작성일, 저자 등 콘텐츠에 붙는 '정보의 정보'라고 이해하면 좋다. AI는 크롤링과 인덱싱 과정에서 메타데이터를 가장 먼저 읽고 콘텐츠의 정체성을 파악한다. 명확한 메타데이터는 AI가 콘텐츠를 개괄하여 사용자 검색 시 보다 정확하고 관련성 높은 정보를 제공하는 데 기여한다.

온톨로지 & 지식 그래프 - AI의 '구조화된 지식 체계'

온톨로지Ontology와 지식 그래프Knowledge Graph는 AI가 단순 텍스트 검색을 넘어 개념 간의 관계를 정확히 이해하도록 하기 위해 사용하는 기술이다. 온톨로지가 '제품-브랜드-가격'과 같이 정보의 구조를 정의하는 '설계도'라면, 지식 그래프는 그 설계도에 따라 실제로 연결된 '정보 지도'라고 할 수 있다. 구글 검색 결과에 나오는 정보 박스나 기업 정보가 대표적인 예이다. 이 구조화된 지식은 AI 답변의 사실 관계 확인과 신뢰도 판단에 결정적인 역할을 한다.

한눈에 보는 AI 정보 처리 구조

단계	주요 역할	핵심 기술 요소
❶ 발견 및 수집	AI가 내 정보를 '인식'하게 만듦	크롤링, 메타데이터
❷ 정리 및 이해	AI가 내 정보를 '이해하고 분류'하게 만듦	인덱싱, 청킹, 임베딩
❸ 선택 및 생성	AI가 내 정보를 '선택하여 답변'하게 만듦	그라운딩, LLM
정밀도 향상 (상시)	AI 답변의 '정확성과 신뢰도'를 높임	온톨로지, 지식 그래프

AI의 답변 과정, 요리에 빗대어 이해하기

요리에 비유하여 쉽게 이해해보자

AI가 답변을 생성하는 과정을 미슐랭 스타를 받은 AI 셰프가 손님의 주문을 받아 최고의 요리를 만드는 과정에 비유하여 설명해 보겠다.

어느 날, 한 손님이 AI 셰프에게 이렇게 주문한다.

"오늘 저녁, 20대 여성이 좋아할 만한 맵지 않고 건강한 파스타를 만들어주세요."

자, 이제 AI 셰프의 요리가 시작되었다.

1단계: 크롤링 - 시장 조사 및 신선한 식재료 발견

최고의 셰프는 최고의 재료가 최고의 요리를 만든다는 것을 잘 알고 있다. 그는 매일 아침 시장에 나가(웹을 돌아다니며) 오늘 가장 신선하고 좋은 식재료(새로운 정보, 새로운 웹사이트)가 무엇인지를 '발견'하고 수집한다. 이때 셰프의 눈에 띄지 않는 식재료(크롤링되지 않는 정보)는 아예 요리 재료 후보에도 오를 수 없을 것이다.

2단계: 인덱싱 – 식재료 창고 정리 및 라벨링

셰프는 시장에서 사 온 식재료를 창고에 그냥 던져두지 않는다. 토마토는 채소 칸에, 파스타 면은 건조재료 칸에, 올리브 오일은 소스 칸에 분류하여 정리하고 각 재료에 '원산지: 이탈리아, 유통기한: ○○○○년 ○○월'과 같이 라벨(메타데이터)을 붙여둔다. 이렇게 잘 정리된 '색인(인덱스)'이 있어야 어떤 주문이 들어와도 필요한 재료를 1초 만에 찾아낼 수 있기 때문이다.

3단계: 청킹 – 완벽한 요리를 위한 식재료 손질

셰프는 통닭 한 마리를 통째로 오븐에 넣지 않고 가슴살, 다리, 날개 등 부위별로 나눈다. 채소는 볶음용, 샐러드용으로 먹기 좋게 잘라둔다(청킹). AI 역시 긴 글(문서)을 통째로 사용하지 않고, 답변에 사용하기 좋게 의미 있는 '정보 조각(청크)'으로 미리 손질해둔다. 잘 손질된 재료가 많을수록 더 빠르게 훌륭한 요리가 탄생하는 것은 말할 것도 없다.

4단계: 임베딩 – 재료의 '본질적인 맛과 향'을 이해

훌륭한 셰프는 각 재료의 본질적인 '맛의 속성'을 이해한다. 토마토의 산미, 바질의 향긋함, 마늘의 알싸함 등을 모두 기억하고 어떤 재료들이 서로 잘 어울리는지(의미적 유사도) 본능적으로 알고 있다. AI의 임베딩은 바로 이 과정이라고 봐도 좋다. 손질된 각 재료(청크)의 의미와 속성을 AI가 이해할 수 있는 고유한 '맛의 좌표'로 변환하여 기억해두는 것이다.

5단계: 그라운딩 – 레시피에 맞는 최선의 조건 고정

'맵지 않고 건강한 파스타'라는 주문을 다시 확인한 셰프는, 오늘 사용할 수 있는 재료와 재고, 손님의 취향과 알레르기, 레스토랑의 콘셉트와 건강 기준 등을 먼저 점검한다. 이 과정을 통해 '오늘 이 주방에서 실제로 만들어도 되는 파스타의 범위'가 정해진다.

이렇게 조건이 고정되고 나면 셰프는 비로소 창고로 달려가 손질된 재료들을 꺼내 온다. 이때는 앞서 만든 맛의 좌표(임베딩)를 활용해 통밀 파스타 면, 신선한 토마토, 바질, 마늘, 올리브 오일 등 주문과 가장 잘 어울리는 재료들(가장 관련성 높은 청크)을 선별Retrieval한다. 주문 정보와 관련성이 크지 않은 재료는 자연스럽게 후보에서 제외된다.

6단계: LLM – 창의적인 요리 및 플레이팅

자, 최고의 재료들이 조리대 위에 준비되었다. 이제 LLM이라는 셰프의 두뇌와 손이 창의력을 발휘할 시간이다. 셰프는 선별된 재료들을 자신만의 노하우로 조합하여 세상에 없던 맛있는 파스타를 만들어내고(생성), 아름답게 플레이팅하여 손님에게 최종 요리(답변)를 제공한다.

이때, 셰프의 머릿속에는 '파스타란 이런 것이다'라는 요리의 기본 원칙(온톨로지)과 '토마토와 바질은 궁합이 좋다'와 같은 요리 지식 지도(지식 그래프)가 있어 요리의 정확성과 품격을 한층 더 높여준다.

AI가 답변을 만드는 과정을 요리에 비유한다면?

요컨대 AI는 무작위로 답을 만들지 않는다. '발견 & 수집 → 정리 & 이해 → 선택 & 생성'이라는 명확한 프로세스를 따르며, 이 과정에서 6대 핵심 기술이 유기적으로 작동한다.

생성형 AI별로 핵심 기술의 가중치와 구현 방식에 차이가 있고, 그에 따라 각각의 장점이 있다. 하지만 현재 기준으로, 대부분의 생성형 AI는 기본적으로 앞서 소개한 로직을 따른다.

GEO 전략의 본질은 바로 이 구조를 이해하고, 각 단계에서 내 콘텐츠가 AI에게 가장 매력적인 선택지가 되도록 설계하는 것이다. 이제 그 구체적인 설계 방법을 알아보자.

× NOTE ×

2023년 챗GPT 3.5가 처음 공개되었을 때는 최신 정보를 반영하는 개념인 '그라운딩'이 매우 제한적으로 적용되었다. 그래서 최신 정보들은 반영되지 않고, 특정 일자 이전의 지식으로만 답변이 제공되었다(아마 기억하는 독자분들도 계실 것이다). 챗GPT에서 그라운딩 개념의 RAG와 같은 기술들이 본격적으로 활용된 것은 GPT-4 이후다.

PART 02

실무에
바로 적용하는
실전 GEO 전략

지금까지 AI가 어떻게 답을 만드는지 알아보았다. 이를 알아야 AI가 우리의 콘텐츠를 선택하도록 역설계할 수 있기 때문이다. 요리사가 음식을 만드는 과정에 빗대어 생각하면 어렵지 않게 이해될 것이다.

요리할 때 가장 중요한 것은 '재료'다. 요리사가 시장과 마트에서 신선한 재료를 구하는 과정이 크롤링이다. 즉, 생성형 AI도 인터넷이라는 공간에서 다양한 출처를 통해 정보를 수집한다.

이 과정에서 AI는 단순히 직관적으로 정보를 선택하지 않는다. 적절한 답변인지 판단하기 위해 스코어링과 피드백 루프라는 2가지 정량적 기준을 사용한다.

AI라는 요리사가 재료를 선택할 때 어떤 시장과 마트를 자주 방문하며, 주로 어떻게 진열된 재료를 고르는지 알아야 한다. 그래야 AI가 우리의 콘텐츠를 선택할 것이다.

이번 장에서는 AI가 '적절한 답변을 위한 적합한 정보'인지 어떤 식으로 판단하고 선택하는지 살펴보자.

06

AI는 어떻게 콘텐츠에 점수를 매기는가?

AI가 콘텐츠에 점수를 매기는 이유

스코어링의 3요소

피드백 루프: AI가 스스로 학습하는 방식

AI에게 선택받으려면 스코어를 얻어야 한다

AI가 콘텐츠에 점수를 매기는 이유

우리가 AI에게 질문을 던지면, AI는 방대한 정보를 일일이 검토하여 가장 적절한 답을 내놓는다. 그런데 그 적절함은 누가 판단할까? 바로 AI 자신이다.

AI가 답변에 포함할 콘텐츠를 고르는 기준은 인간 편집자의 직감이 아니라 정량 · 정성 신호를 결합한 내부 평가 메커니즘이다. AI는 방대한 문서와 문단을 평가하기 위한 정량적 기준, 즉 '스코어링Scoring' 메커니즘을 활용한다.

스코어링은 답변 인용 여부, 순위 선정, 정보 요약 반영 여부를 결정짓는 보이지 않는 기준표다. 이 기준은 한번 정해지면 끝이 아니라, 사용자의 행동을 반영해 지속적으로 조정된다. 그것이 바로 피드백 루프Feedback Loop다.

따라서 GEO 전략을 세우기 위해서는 'AI가 어떤 기준으로 점수를 매기는지' 이해할 필요가 있다.

스코어링의 3요소

AI가 콘텐츠를 평가하는 3가지 요소

1. 문서 자체 품질(Document-Level Quality)

- AI가 콘텐츠를 읽고 '가공 가능한 재료'인지 평가하는 단계
- 평가 항목
  - 구조화: 소제목, 리스트, 표·이미지 등 시각적 구분이 명확한 문서 선호
  - 메타데이터 명확성: 작성자, 작성일, 카테고리, schema.org 태그
  - 청킹 용이성: 단락이 길지 않고 의미 단위별로 잘 나뉘어 있음
- 중요도: 매우 높음

2. 의미 연관성(Semantic Relevance)

- 질문과 콘텐츠의 '의미적 거리'를 평가

- 평가 항목
  - 문맥 일치: 키워드가 달라도 의미가 같은 경우를 인식
    (예: '제로클릭' = '클릭 없는 검색')
  - 질문 의도에 부합: 질문 유형(정보 탐색, 비교, 추천, 분석 등)에 적합한 답변
  - 주제 일관성: 문서 전체가 하나의 주제를 유지
- 중요도: 높음

3. 출처 신뢰도(Source Authority)

- '이 정보를 가져다 써도 되는가?'를 판단
- 평가 항목
  - 도메인 권위: 정부 기관 사이트, 학술·연구 기관, 언론사, 전문 블로그 우대
  - 인용 이력: 해당 출처가 인용된 빈도
  - 외부 연결: 권위 있는 다른 페이지로 연결
  - 최신성: 업데이트 주기
- 중요도: 높음(특히 민감 주제는 더 높음)

스코어링 3요소의 중요도와 근거

'문서 자체 품질'이 '의미 연관성'과 '출처 신뢰도'보다 더 중요하다는 연구와 주장은 이미 꽤 많이 발표되었다.

AI 마케팅 플랫폼 Averi.ai의 가이드나 최근 GEO 콘텐츠 프레임워크 연구 및 칼럼에서 다양한 전문가들은 '문서 품질, 그중에서도 구조화와 청킹 용이성이 AI 인용의 첫 관문'이라고 언급한다.

사실 이유는 간단하다. AI가 콘텐츠를 인용하기까지의 과정을 보면, 의미 연관성과 출처 신뢰도는 모두 '문서가 제대로 읽히고 이해된 이후'에만 평가된다. 즉, 문서 품질(구조화, 메타데이터 명확성, 청킹 용이성)은 AI 인용 경쟁의 '입장권'이자 필수 선결 조건이다.

아래의 프로세스를 다시 한번 살펴보면 문서 품질이 제일 중요하다는 것을 알 수 있다.

❶ 문서 품질이 높으면 → 다른 신호(의미 연관성, 출처 신뢰도)가 약해도 초기 인용 후보에 오를 가능성이 커짐

❷ 문서 품질이 낮으면 → 청크 추출이 불완전 → 임베딩 정확도 하락 → 의미 연관성 평가도 부정확 → 결과적으로 인용 기회 자체가 감소

피드백 루프: AI가 스스로 학습하는 방식

AI는 정적인 엔진이 아니다. 사용자가 답변을 클릭하지 않거나, 다시 질문하거나, 만족하지 않는 행동을 보이면 AI는 그 자체로 '이 답변이 불충분했음'을 학습한다. 사용자의 이러한 행동 데이터는 즉시 피드백되어 다음과 같이 AI의 인용, 추천 알고리즘에 반영된다.

사용자 반응	AI의 해석	결과적 변화
인용 링크 클릭	정보 만족도 높음	해당 문서의 인용 확률 상승
스크롤 없이 이탈	불만족 추정	품질 점수 하락
'유용함' 평가, 좋아요	긍정 피드백	신뢰도 상승
동일 출처 재인용	높은 연관성 유지	주제 권위성 강화

AI는 인간의 반응을 학습하여 '좋은 콘텐츠'의 기준을 스스로 업그레이드한다. 즉, '콘텐츠 제공 → 사용자 반응 해석 → 학습 → 재노출'로 이어지는 순환 구조가 형성되는 것이다.

이 과정을 '피드백 루프'라고 부른다.

피드백 루프는 생성형 AI의 품질 개선뿐 아니라 앞으로의 마케팅과 제품 개발까지 아우르는 새로운 형태의 퍼널이 될 것이다(이 부분은 뒤에서 추가로 다루겠다). 기존 퍼널이 '선형적 전환'을 전제로 했다면, AI 시대의 퍼널은 '순환적 학습'을 중심으로 진화한다.

AI에게 선택받으려면 스코어를 얻어야 한다

AI는 당신의 콘텐츠를 정성적으로 평가하지 않는다. 철저하게 구조화된 스코어링 기준과 학습된 피드백 루프에 따라 움직인다.

따라서 GEO 전략이란, 단순히 '퀄리티가 높은 콘텐츠'를 만드는 것이 아니라, AI가 좋아하는 방식으로 점수가 높은 콘텐츠를 설계하는 일'이라고 해석할 수 있다.

AI 최적화의 실무적 방법은 8장에서 자세히 다룰 것이며, 여기서는 먼저 GEO 스코어를 확보하기 위한 전략을 제시한다.

실무자가 알아야 할 GEO 스코어링 최적화 전략

❶ 문서 품질: 구조화, 메타데이터, 청킹 최적화

❷ 의미 연관성: 키워드가 아니라 질문 의도 중심으로 설계

❸ 출처 신뢰도: 권위 있는 출처, 백링크, 최신성 관리

❹ 피드백 루프 대응: 사용자의 긍정적 반응을 유도하는 후속 콘텐츠 설계

생성형 AI별 스코어링 구조(2025년 7월 기준 추정 자료)

모델	주요 스코어링 기준	중요도 경향	피드백 루프 방식	특징 요약
챗GPT (Browse)	Bing 기반 웹 검색 + 자체/파트너 인덱스에서 가져온 결과의 품질·관련성 신호	품질·신뢰도 중시	SearchGPT/Bing 클릭 데이터, 후속 질문 반영	Bing과 자체 인덱스를 결합한 하이브리드 구조, 기존 SEO 신호와 메타데이터 최적화가 여전히 중요
	출처 신뢰도	구조, 메타데이터, 청킹 최적화의 영향 큼	후속 질문에서 동일 출처 사용 여부	
	청킹 유용성			
제미나이	구글 SEO 신호(E-E-A-T), CTR 및 체류 시간	품질, 신뢰도, 연관성 균형	AI 오버뷰 클릭 및 품질 평가	구글 서치 콘솔 데이터와 E-E-A-T가 핵심, SEO 최적화가 GEO에도 그대로 적용되는 모델
	구조화 정도	SEO 최적화 경험이 그대로 반영됨	사용자가 남긴 평가 피드백	
	CTR(클릭률)			
퍼플렉시티	청킹/임베딩 유사도, 출처 권위 및 최신성	연관성·최신성 중시 → 짧고 핵심적인 청크, 최근 업데이트가 강점	인용 후 유저 클릭, 다음 질문 선택 결과 반영	권위 있는 도메인의 최신 정보 선호, 실시간 이슈 대응과 명확한 문맥 일치 필수
	문서 최신성			

검색 패러다임의 거대한 변화로 클릭이 사라지고,
비즈니스의 디지털 영향도를 높이는 기존의 공식이 무력화되는
'제로클릭 쇼크'가 점점 현실로 다가오고 있다. 이에 대비하기 위해
AI가 답변을 생성하는 과정을 알아보았으며, 그 이면에 콘텐츠에 냉정하게
점수를 매기는 '스코어링' 시스템이 작동하고 있음을 알게 되었다.

실무자 입장에서는 가장 절실한 질문이 떠오른다.
그래서 도대체 어떻게 해야 AI의 선택을 받을 수 있는가?
이를 위해 AI의 선택 기준을 실무자의 언어로 재정리할 필요가 있다.
SIFT 프레임워크는 생성형 AI 서비스라면 종류에 관계없이 반드시
확인하는 프레임워크이다.

**제로클릭이라는 안개 낀 바다를 항해하는 당신에게 유일한 생존의 나침반이자,
AI 시대에 당신의 콘텐츠가 살아남을 수 있는 전략적 생존 키트가 될 것이다.**

07

AI는 어떤 콘텐츠를 선택하는가?

SIFT 프레임워크 개요

SIFT와 스코어링은 어떻게 다를까?

SEO에서도 작동하는 SIFT 프레임워크

SIFT 프레임워크 개요

2025년 9월에 발표된 논문인 「Beyond Keywords: Driving Generative Search Engine Optimization with Content-Centric Agents(키워드를 넘어: 콘텐츠 중심 에이전트를 통한 생성적 검색엔진 최적화 추진)」는 생성형 AI에서는 단순 키워드 매칭이 아니라 콘텐츠의 의미적 영향Semantic Influences이 실제 답변에 긍정적인 영향을 미친다는 사실을 대규모 벤치마크 데이터셋과 다차원적인 방식으로 증명했다.[1]

다시 말해서, GEO의 가장 중요한 첫 단추는 바로 AI가 선호하는 콘텐츠를 만드는 것이다. 그리고 이를 콘텐츠 전략의 언어로 재정리한 것이 'SIFT 프레임워크'다. 좀 더 쉽게 표현하자면 SIFT 프레임워크란 홈페이지를 비롯한 기업과 브랜드가 AI 답변에 인용되기 위한 콘텐츠 전략이다.

SIFT는 AI가 콘텐츠를 '심사'할 때 사용하는 4가지 핵심 기준인

Structure(구조), Intent(의도 적합성), Fidelity(정보 충실성), Trust(출처 신뢰도)의 앞 글자를 딴 것이다. SIFT 프레임워크는 누구나 활용할 수 있도록 가장 실무적으로 설계되었다.

AI 선택의 4가지 법칙 - SIFT 프레임워크

SIFT는 Structure, Intent, Fidelity, Trust의 네 가지 원칙으로 구성된다. 각각은 AI가 답변을 생성하기 위해 콘텐츠를 선택할 때 적용하는 실질적인 기준이자, 우리가 콘텐츠를 제작할 때 반드시 점검해야 할 체크리스트이다.

1. Structure - AI가 읽기 좋은 구조

AI는 통째로 된 글을 선호하지 않는다. 텍스트를 쪼개고Chunking, 임베딩으로 전환해 문맥적 의미를 분석한다. 이때 구조화된 글일수록 더 잘 인용된다.

- 좋은 예시: FAQ, How-to 가이드, 번호 매긴 리스트, 명확한 소제목, 표로 정리된 데이터
- 나쁜 예시: 문단이 길고 핵심이 보이지 않는 블로그 글, 산만한 이야기식 글쓰기

퍼플렉시티에서 자주 보이는 인용 패턴을 분석해보면, 구조적으로 분리된 리스트와 표가 단일 문단보다 월등히 높은 선택 빈도

를 보인다.

2. Intent - 질문 의도와의 적합성

SEO 시대에는 키워드 일치가 중요했다. 그러나 AI는 키워드를 넘어 그 뒤에 숨겨진 사용자의 '의도Intent'를 파악한다.

예를 들어 아래와 같은 질문의 의도를 살펴보자.

- '제로클릭이란?'이라는 질문에는 명확한 '정의형' 콘텐츠를 보여준다.
- '제로클릭과 SEO의 차이점은?'이라는 질문에는 '비교형' 콘텐츠를 찾는다.
- '제로클릭에 대응하는 방법은?'이라는 질문에는 단계별 '가이드형' 콘텐츠를 보여준다.

제미나이는 특히 질문 의도와의 적합성을 엄격하게 평가한다. 동일한 키워드라도 질문이 정의형인지, 비교형인지, 가이드형인지에 따라 전혀 다른 문서를 선택한다.

3. Fidelity - 팩트 기반의 충실성(브랜드 엔티티의 선명도)

AI가 가장 두려워하는 것은 '환각Hallucination'이다. 즉, 거짓 정보를 진짜처럼 말하는 치명적인 오류다. 개발자들은 AI의 환각을 줄이기 위해 수없이 많은 사전학습Pre-Trained을 시켰고, 지금의 AI는 스스로를 안전하게 지켜줄 수 있는 검증된 콘텐츠를 우선적으로 선택한다.

여기서 Fidelity는 단순히 '사실 여부'만을 뜻하지 않는다. AI 입장에서 Fidelity가 높다는 것은, 어떤 브랜드를 하나의 '엔티티(실체)'로 선명하게 정의할 수 있을 정도로 그 브랜드에 대한 팩트가 일관되고 반복적으로 제공되고 있다는 뜻이다.

AI는 웹을 보며 다음과 같은 질문에 대한 답을 찾는다.

- 이 회사는 정확히 누구인가?(법인명, 브랜드명, 서비스명)
- 무엇을 하는 회사인가?(카테고리, 주요 제품·서비스)
- 어디에 기반을 두고, 언제부터 활동했는가?(지역, 설립 연도, 히스토리)
- 어떤 성과, 인증, 지표를 가진 브랜드인가?(수상, 인증, 사용자 수, 매출 구간 등)

이 질문에 명확하게 답할수록 그 브랜드의 엔티티 카드Entity Card는 선명해지고, AI는 자신감 있게 이 엔티티를 답변에 끌어다 쓴다. 반대로 사이트마다 회사 이름, 서비스 설명, 수치가 조금씩 다르거나 최신 정보가 업데이트되지 않으면, AI는 그 브랜드를 '믿기 어려운 엔티티'로 판단하고 언급을 최소화한다.

그래서 Fidelity의 기준은 다음과 같이 정리할 수 있다.

- 최신 데이터인가?
  - 연도, 사용자 수, 매출·가격, 서비스 범위 등이 최근 기준으로 업데이트되어 있는가?

- 브랜드 엔티티가 일관적인가?
  - 회사명, 브랜드명, 슬로건, 카테고리, 핵심 USP가 채널마다 흔들리지 않고 동일하게 쓰이고 있는가?
- 출처가 명시되어 있는가?
  - 보고서, 리서치, 인증, 수상 등은 '누가, 언제 발표했는지'가 함께 제시되는가?
- 수치, 통계, 인용이 포함되어 있는가?
  - '좋다, 훌륭하다'가 아니라 숫자, 팩트, 객관 지표로 뒷받침되어 있는가?

예를 들어 챗GPT Browse(웹 탐색)는 일반 블로그 글보다 정부, 공공기관, 학술 기관, 공신력 있는 리서치의 보고서를 더 자주 인용한다. 이는 팩트가 보장된 문서와, 브랜드 엔티티를 선명하게 정의해주는 문서가 AI 답변에 포함될 확률을 높인다는 사실을 보여준다.

결국 Fidelity란, AI가 안심하고 '이 브랜드는 이런 엔티티다'라고 정의할 수 있을 정도로, 최신 · 일관 · 근거 기반으로 쌓여 있는 팩트의 밀도를 의미한다. 당신의 콘텐츠 안에서 브랜드 소개, 회사 정보, 제품 스펙, FAQ, 리포트, 보도 자료가 하나의 엔티티 카드처럼 정합적으로 설계될수록 AI는 그 브랜드를 더 자주, 더 자신 있게 답변에 끌어오게 된다.

4. Trust – 출처와 작성자의 신뢰도

마지막 기준은 '누가 말했는가'이다. 동일한 구조와 동일한 팩트를 제공하더라도, 브랜드와 도메인의 신뢰도가 높을수록 AI의 선택 확률은 높아진다.

- 정부·학술·언론 사이트: 최우선 인용
- 업계 전문 브랜드: 반복적으로 선택됨
- 개인 블로그: 특정 상황에서는 제외되거나 가중치가 낮음
- 경험 관련: 실제 경험, 성공·실패 사례, 후기 등이 선택될 확률이 높음

2025년 9월 발표된 논문 「Generative Engine Optimization: How to Dominate AI Search(생성 엔진 최적화: AI 검색을 지배하는 방법)」에 따르면, '내 사이트[Owned Media]에 잘 써두면 된다'라는 사고를 넘어 뉴스, 리뷰, 서드파티(3rd-Party) 데이터베이스 등 타인이 생산한 외부 콘텐츠[Earned Media]에서 신뢰를 확보하는 전략이 중요하다.

특히 Bing 기반의 챗GPT Browse는 정부와 언론 도메인을 우선시하는 경향을 보인다. 이는 '출처 자체가 하나의 신호[Trust Signal]'라는 사실을 잘 보여준다. 구글도 최근에 E-E-A-T 중에서 'Experience'를 더욱 더 강조하는 모습을 보인다. 이 경우, 신뢰를 쌓을 수 있는 가장 좋은 방법은 자사의 실제 경험, 성공 및 실패 사례, 직접 사용한 후기 등을 구체적으로 서술하는 것이다. 또한 자체적으로 진행한 설문조사 등 독자적인 정보를 1차 데이터로 포함시키는 것도 추천한다.

신뢰도는 디지털 세상에 남겨진 당신의 발자취이자 평판이며,

하루아침에 쌓을 수 없다. 구글이 E-E-A-T(경험, 전문성, 권위, 신뢰)를 통해 웹사이트를 평가하듯, AI도 당신 콘텐츠의 신뢰도를 보고 최종 결정을 내린다.

생성형 AI 서비스별 실제 인용 패턴 & 사례

1. 퍼플렉시티

- 패턴: 위키피디아(Wikipedia) + 학술 논문(예: PubMed, arXiv) 조합을 자주 인용
- 사례: 'Zero-Click 검색이란 무엇인가?'라고 물으면, 퍼플렉시티는 위키피디아 정의 문단을 인용하면서 동시에 스태티스타(Statista)나 학술 논문 데이터를 덧붙여 보여준다.
- 인사이트: 퍼플렉시티는 '구조화 + 신뢰성'을 동시에 챙기려는 경향이 강하다. 리스트형 정의 문단과 수치 기반 출처가 함께 나오면 선택 확률이 높아진다.

2. 제미나이(구글 AI 오버뷰)

- 패턴: 뉴스 기사 + 구글 자체 인덱스된 블로그 또는 공식 페이지를 혼합 인용
- 사례: 'AI 오버뷰의 비즈니스 영향은?'이라고 질문하면 WSJ나 CNBC 기사와 함께 구글 클라우드 공식 블로그 글을 동시에 보여주는 경우가 잦다.

- 인사이트: 제미나이는 최신성(Newness)과 공식성(Officiality)을 동시에 중시한다. 특히 질문이 시사·비즈니스 성격이면 언론 매체가, 기술 설명은 공식 블로그나 문서가 선택된다.

3. 챗GPT Browse(Bing 기반)

- 패턴: 정부, 언론, 백과사전 도메인을 우선 인용
- 사례: '한국의 인터넷 검색 점유율' 질문 시 정보통신정책연구원(KISDI) 보고서와 스탯카운터(Statcounter) 같은 정부, 통계 사이트를 직접 링크한다.
- 인사이트: Browse 모드는 신뢰도가 최우선이다. 즉, 도메인의 권위가 곧 선택 기준이며 개인 블로그는 거의 배제된다.

SIFT와 스코어링은 어떻게 다를까?

헷갈리지 않도록 한 번 더 정리하고 가겠다. 6장에서 다룬 스코어링은 AI 내부에서 작동하는 정량적 평가 메커니즘이며, 복잡한 알고리즘의 언어이다. 즉, AI가 콘텐츠에 점수를 매긴다는 개념만 알면 된다.

반면 SIFT는 우리가 실무에서 활용할 수 있도록 최대한 쉽게 요약하고 번역한 체크리스트라고 볼 수 있다.

- 스코어링은 알고리즘의 숫자(Feat. 점수표)
- SIFT는 실무자들의 체크리스트(Feat. 공략집)

SIFT는 우리가 콘텐츠를 어떻게 설계해야 하는지 알려주는 실무 언어이다. 우리는 AI의 내부 스코어링 점수 체계를 알기도 어렵거니와, 바꿀 수도 없다. 하지만 SIFT의 네 가지 원칙을 충족하는 콘텐츠를 만든다면 AI에게 선택받을 확률은 매우 높아진다.

SIFT의 체크리스트

SIFT 프레임워크	나의 콘텐츠 점검 항목
Structure	제목과 소제목, 리스트, 요약이 분명한가?
Intent	특정 질문 의도를 충족하는가?
Fidelity	팩트와 출처가 포함되어 있는가?
Trust	브랜드와 출처의 신뢰도가 확보되어 있는가?

× **NOTE** ×

최근 검색과 AI 문맥에서 '엔티티(Entity)'라는 개념이 중요하게 다뤄지고 있다. 이 책에서 다루는 SIFT 프레임워크에서는 하나의 엔티티를 Fidelity와 Trust라는 두 축으로 나눈다고 보면 된다. 엔티티 개념에 익숙한 독자라면 이 책에서의 엔티티를 'Entity = Fidelity + Trust'로 이해해도 좋다.

SEO에서도 작동하는 SIFT 프레임워크

SEO 시대의 콘텐츠 전략은 '검색엔진이 좋아하는 키워드'였다. GEO 시대의 콘텐츠 전략은 'AI가 선택하는 글쓰기'다.

AI는 단순히 정보를 나열하지 않는다. 가장 구조화되고, 의도에 맞으며, 팩트에 충실하고, 신뢰할 수 있는 콘텐츠를 최종적으로 선택한다. 그리고 그 선택의 비밀이 바로 SIFT 프레임워크다. Structure로 문을 열고, Intent로 맞추고, Fidelity로 강화하고, Trust로 선택된다.

제로클릭 시대, 이 네 가지 원칙이야말로 콘텐츠 생존의 최소 조건이다. 앞으로의 경쟁은 검색 결과 페이지가 아니라, AI가 제시하는 한 줄의 답변 안에서 벌어진다. SIFT는 그 경쟁의 언어다.

그런데 SEO에 대한 지식이 있는 분이라면, 아마 SIFT 프레임워크에 대해 이런 의문이 생길지도 모른다. SIFT 프레임워크는 GEO뿐만 아니라 SEO에서도 적용되는 것이 아닐까?

매우 좋은 질문이다.

SIFT 프레임워크는 사실 콘텐츠 품질의 본질적 원칙이다. 그러므로 SEO와 GEO 모두에 적용된다. 쉽게 말해서 SIFT에 맞추어 잘 구축된 홈페이지나 블로그 등 기업 및 브랜드의 노출 채널은 구글 검색엔진과 생성형 AI 모두에게 선택받을 수 있다는 의미다. 그러나 명확한 차이점이 존재한다. 3가지만 기억하자.

첫째, SEO의 주요 대상은 구글 검색엔진이다. 하지만 GEO는 검색엔진뿐 아니라 챗GPT, 제미나이, 퍼플렉시티, 클로드 등 생성형 AI가 대상이다.

둘째, SEO의 목표는 클릭이지만, GEO의 목표는 AI 답변에 인용되거나 선택되는 것이다.

셋째, SEO는 사용자가 검색할 '키워드'를 예측하고 배치하는 콘텐츠 전략이다. 반면 GEO는 사용자가 AI에게 던질 '질문'을 예측하고 그에 대한 가장 적합한 답변을 준비하는 콘텐츠 전략이다.

SIFT 프레임워크가 작동하는 노출 채널

그렇다면 AI의 선택을 받기 위해 SIFT 설계를 적용해야 하는 대상은 무엇일까?

앞서 SIFT 프레임워크는 GEO와 SEO에서 모두 동일하게 작동한다고 말했다. GEO는 기본적으로 SEO의 인프라를 바탕으로 확장되어 작동하기 때문이다. 이 말은 AI 선택을 받기 위한 SIFT 프레임워크가 작동하는 노출 채널은 GEO와 SEO가 매우 유사하다는 의미이다.

즉, Hub & Spoke 구조로 설명하자면 사실 홈페이지를 중심으로 기업의 블로그, SNS, PPC 광고, 멀티모달 채널, 뉴스레터 등이 모두 SIFT 프레임워크를 적용해야 하는 노출 채널에 해당된다. 여기서 Hub & Spoke 구조란, 홈페이지나 랜딩 페이지 같은 허브[Hub]를 중심에 두고 해당 허브와 연결된 외곽 채널[Spoke](블로그, SNS, PPC 광고, 멀티모달 채널, 뉴스레터 등)이 방사형으로 뻗어나가 트래픽과 관심을 허브로 모아주는 구조를 말한다.

Hub & Spoke 구조로 보는 GEO 설계 대상 채널

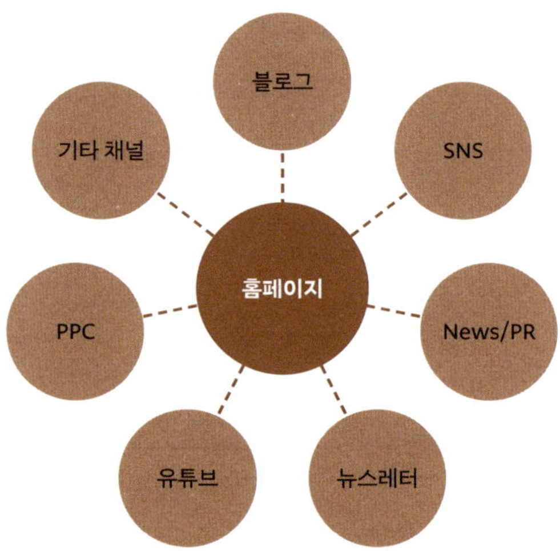

본격적인 실무 전략을 다루기에 앞서

지금까지 검색 방식이라는 커다란 패러다임의 변화와 더불어 기업과 브랜드의 생존을 위한 GEO의 필요성을 이야기했다. 또한 AI가 어떤 로직으로 답변을 선택하는지도 알아보았다. SEO가 오랫동안 구축해온 인프라를 기반으로 GEO만의 새로운 전략이 필요하며, 기존의 SEO는 나름대로 새로운 가치를 찾아가고 있다는 것까지 언급했다. 또한 두서없는 나열식의 전략 설계를 피하고자 GEO 전략 실무를 위한 SIFT 프레임워크를 제안했다.

자, 이제 가장 궁금했던 GEO의 본격 실무에 들어가보자.

기술적 최적화 등에 앞서 가장 먼저 기본 콘텐츠 전략을 설명하는 이유는 명확하다. AI는 문맥과 의도를 이해하고 가장 잘 정리된 문서를 답변으로 채택하기 때문이다(심지어 구글 BERT도 거의 유사하다).

8장에서는 GEO를 위한 실전 전략들을 다룬다. 우선 자사의 홈페이지와 브랜드가 인용될 수 있도록 전략적으로 질문을 설계한다.
그리고 콘텐츠 전략인 SIFT 프레임워크의 실전 전략을 살펴보고, 테크니컬 GEO에 대해 살펴볼 예정이다. 이 책은 실무자를 위한 책이므로 GEO에 대한 실무 전략들도 최대한 친절하게 설명했다.

GEO는 기업의 디지털 영향도와 직결된 생존의 문제이다. 동시에 국내에서 노출과 인지도에 어려움을 겪고 있는 기업과 브랜드에게는 새롭고 거대한 기회다. 지속적으로 광고비를 태우지 않고도 당신의 기업과 브랜드가 AI의 답변에 선택되고 나아가 잠재 사용자들에게도 노출되는 큰 기회를 잡길 바란다.

08

GEO 전략 실천 가이드

GEO, 질문에서 시작하라

GEO의 출발점은 질문이다. 기업과 브랜드 입장에서 AI의 답변에 포함되기 위해서는 '사용자가 어떤 질문을 할 것인가?'가 가장 중요한 핵심이다.

SEO 시대에는 키워드를 예측하고 배치하는 것이 전략의 출발이었다. 그러나 GEO 시대에는 AI가 답변을 생성할 때 질문을 단위로 콘텐츠를 불러온다. 따라서 기업과 브랜드는 '우리 고객이 실제로 어떤 질문을 던지는가?'를 이해하는 것이 가장 중요한 첫 걸음이다.

질문을 발굴하는 4가지 방법

기업에서 필요한 질문을 설계하는 방법은 사업 방향에 따라 다소 다를 수 있고, 실무자들의 주관성이 포함될 수도 있다. 분명한 것은 자사 기업과 브랜드가 잠재 고객이 궁금해하는 질문에 답하는 비율이 높을수록, AI의 답변에 인용되는 과정에서 고객에게 더 가까이 다가갈 수 있다. 또한 경쟁사가 미처 다루지 못한 질문의 영역을 선점할 수 있다. 질문 발굴에 도움이 되는 4가지 방법을 소개한다.

1. 구글 서치 콘솔 활용

구글 서치 콘솔GSC은 단순 키워드를 넘어 사용자의 구체적인 질문을 포착하는 최적의 도구다. 정규식Regex을 활용해 6단어 이상의 롱테일 쿼리를 필터링하면, AI 검색 환경에서 자주 발생하는 '정보 탐색형 질문'과 '문제 해결 니즈'를 효과적으로 발굴할 수 있다.

× NOTE ×

GSC 정규식(Regex)이란 단순 단어 검색이 아니라 특정 '패턴'을 가진 데이터를 정밀하게 추출하는 고급 필터링 언어이다. |(OR) 연산자로 여러 검색 조건을 한 번에 필터링하여 단순 조회 대비 분석 효율을 극대화하는 강점이 있으며, '^(왜|어떻게)'와 같은 패턴으로 AI가 선호하는 '질문형 롱테일 쿼리'를 발굴하는 데 최적화되어 있다. 실무 3대 필수 기호로 '^(시작점 지정), $(끝점 지정), |(또는)'을 기억해두자. 다만 띄어쓰기 등 문법에 매우 민감하여 오타 시 결과값이 '0'이 되므로 정확한 구문 사용이 필수적이다.

일례로 HR SaaS 기업이 '신입사원 성과 관리 어떻게 하나요?'라는 쿼리를 발견하고, 해당 질문을 기반으로 콘텐츠를 제작해 AI 답변에 인용되었다.

2. 경쟁사 벤치마킹

경쟁사의 콘텐츠가 이미 질문에 대한 답변으로 인용되고 있다면, 질문 내용을 비롯해서 콘텐츠 구조와 형식까지 분석해야 한다.

퍼플렉시티에서 '프로젝트 관리 툴 비교' 질문에 경쟁사 글이 인용되었고, 그 핵심은 '장단점 비교표'였다. 해당 포맷을 도입하고 조금 더 고도화하는 방법론이다.

3. 연관 질문 트렌드

연관 키워드를 통해 질문을 발굴하는 것도 좋은 방법이다. 구글 애즈Ads 및 PAAPeople Also Ask, 네이버 광고 같은 툴을 사용하면 연관된 질문들을 설계할 때 도움이 된다. 또한 퍼플렉시티에서 질문을 입력했을 때 자동으로 확장되는 쿼리 팬아웃Query Fanout을 수집하는 방법도 좋다.

4. 내부 데이터 활용

내부 검색 로그를 잘 쌓고 있다면 이 데이터에 고객의 생생한 질문이 담겨 있을 것이다. 가장 적극적으로 활용할 수 있는 방법이다.

예를 들어 한 이커머스 기업은 '환불 규정'이 내부 검색어 1위임을 확인하고 FAQ를 강화했더니 챗GPT 인용으로 이어졌다.

질문을 설계하는 2가지 방법

질문 설계란 AI가 잘 이해할 수 있도록 질문의 형식을 만든다는 뜻이다. 방법은 2가지로 나눌 수 있는데, AI가 쉽게 이해하도록 질문 타입을 최적화하는 방법과 스니펫 형식의 답변을 고려하는 방법이다.

1. 질문 타입 최적화

FAQ, TL;DR[Too Long; Didn't Read] 요약, How-to는 AI가 선호하는 형식이다. 한 글로벌 SaaS 기업에서 콘텐츠 제목을 'GEO의 모든 것'에서 'FAQ: 2025 GEO 전략 10문 10답'으로 바꾸자 제미나이 인용률이 급상승했다.

2. 답변 스니펫

스니펫은 구글에서 검색했을 때 1~2줄 정도가 노출되는 기능이다. 이 기능은 실제로 AI 요약 기능에도 적용되는데, AI가 2~3 문장의 완결된 답변을 선호하는 것도 유사한 이유다. 콘텐츠와 질문을 스니펫에서 잘 노출되는 형식으로 미리 설계해두는 것도 좋은 전략이다.

'클라우드 컴퓨팅이란?' 글의 서두에 '클라우드 컴퓨팅이란 인터넷을 통해 서버, 스토리지, 데이터베이스를 제공하는 기술입니다'라는 정의문을 넣자 AI 서비스가 이를 그대로 인용했다.

× **NOTE** ×

스니펫(Snippet)은 '잘려 나온 작은 조각, 발췌'를 뜻하는 말로, 검색 결과 페이지(SERP)에 표시되는 웹페이지에 대한 짧은 요약 정보를 말한다. 보통 페이지 제목, URL, 본문 일부(또는 메타설명)로 구성된다.

구글 등에서는 이를 검색 스니펫(Search Snippet)이라고 부르며, 사용자가 클릭하기 전에 페이지 내용을 미리 '엿볼 수 있도록' 도와준다.

▲ 구글 검색 스니펫

GEO 콘텐츠 전략

7장에서 GEO의 핵심 콘텐츠 전략인 SIFT 프레임워크(Structure, Intent, Fidelity, Trust)에 대해 배웠다. 이를 현장에서 바로 사용 가능한 플레이북으로 바꾸겠다. 핵심은 심플하다.

- Structure, Intent는 SEO의 '온페이지'에 해당하며, 페이지 안에서 다듬는다. 즉, 하위 구조를 명확히 설계하여 AI가 청크 단위로 쉽게 읽고 이해하도록 만든다.
- Fidelity, Trust는 SEO의 '오프페이지'에 해당하며, 페이지 밖에서 쌓아 올린다. 즉, 외부 신호를 통해 콘텐츠의 신뢰성과 권위를 높인다.
- 이를 떠받치는 것이 테크니컬 GEO(Technical GEO)다. Robot.txt, 캐노니컬, JSON-LD, RSS/Feed, IndexNow 등 기술적 장치를 통해 AI가 읽기 좋은 공급망을 만든다.

아래에서 순서대로 풀어가자. 이번 장에서는 SEO가 잘 쌓아놓은 이론 지식에 많이 기대어 설명할 예정이다. 이유는 2가지인데, 첫째는 SEO 지식을 일정 부분 가지고 계시다면 헷갈리지 않도록 머릿속 카테고리에 넣고자 함이고, 둘째는 SEO를 잘 몰라도 이 책을 통해 머릿속에 동일한 카테고리를 만들어서 SEO 지식까지 함께 쌓도록 하기 위함이다.

가장 우선시할 콘텐츠 전략 - SIFT 프레임워크

SIFT 프레임워크 중 Structure와 Intent는 SEO의 '온페이지 전략'과 매우 유사하다. 즉, 홈페이지를 기준으로 내부 요소들을 최적화하여 생성형 AI 크롤러(혹은 검색엔진)가 잘 이해하도록 만들고 답변에 인용될 확률을 높이는 과정이다.

요리에 비유하자면 먹을 수 없는 재료를 걷어내고, 먹을 수 있는 재료를 먹기 좋게 손질하는 과정에 가깝다. '이 홈페이지에는 잘 손질된 신선한 양파와 당근, 소고기 등 먹을 수 있는 재료가 많구나'라고 AI 크롤러가 인지할 수 있도록 하는 작업이다. 만일 AI 크롤러(혹은 검색엔진)가 당신의 홈페이지를 살펴봤는데 재료가 손질도 제대로 되어 있지 않고, 식재료인지 잡초인지 구별이 쉽지 않다면 외면받는 것은 당연지사다.

AI 크롤러가 잘 읽을 수 있도록 Structure와 Intent 요건에 맞추어 구성해야 한다.

Structure(구조화)

문서는 '제목-핵심 요약(3줄)-본문-FAQ-표/리스트-출처'의 순서로 구성한다. 문단의 길이는 짧게, 하나의 문단엔 하나의 주장만 담는다.

- 좋은 예: 모든 문서는 제목(H1) 1개, 소제목(H2, H3), 핵심 요약(3~5줄), 본문, FAQ(2~5개), 표/리스트, 마지막에 출처/링크로 구성. 각 섹션에 고유 앵커 ID가 있어 내부 링크로 바로 점프 가능
- 나쁜 예: 제목 없이 한 덩어리 텍스트, 표/리스트 없음, 섹션 경계가 불명확한 사이트 구조

Intent(질의 의도 정렬)

사용자가 묻는 질문의 형태(비교, 정의, 순서, 체크리스트)에 부합하는 형태로 답한다.

- 좋은 예: 본문 중 핵심 용어에 자체 글(설명서, 정책, 제품)로 연결하는 내부 링크, 혹은 정의/사전 페이지로 연결하는 외부 링크 연결. 동일 주제 글끼리 시리즈/허브 페이지로 묶음
- 나쁜 예: 링크 거의 없음, 혹은 '더보기'만 남발해 어디로 가는지 알 수 없는 링크

Fidelity와 Trust는 SEO의 '오프페이지'와 매우 흡사하다. 오프페이지는 웹사이트 외부에서 웹사이트의 신뢰도와 권위성을 높이는 모든 활동을 의미한다. 이 활동들이 AI 크롤러(혹은 검색엔진)가 웹사이트를 신뢰할 수 있도록 만든다.

또 한 번 요리에 비유해보면, 레스토랑에 대해 고객들의 리뷰나 평판을 쌓는 것과 같다. 우선 고객들에게 레스토랑이 신선하고 안전한 식재료를 쓰고 있다고 알릴 필요가 있다. 또한 레스토랑의 운영 시간이나 메뉴가 바뀔 때마다 고객들이 빨리 인지할 수 있도록 즉각적으로 업데이트해야 할 것이다. 그리고 고객들이 자주 이용하는 곳에 레스토랑에 방문한 고객의 긍정적인 최신 리뷰들이 지속적으로 노출되면 더 믿음이 갈 것이다.

기업과 브랜드의 홈페이지가 신뢰할 수 있는 사실적 근거와 공신력이 높은 출처들을 기반으로 잘 관리되어 기업과 브랜드 홈페이지의 신뢰도를 높이는 작업, 즉 Fidelity와 Trust는 아래와 같은 구조로 구성해야 한다.

Fidelity(정보 충실성)

사실에 부합하고, 최신 정보이며, 출처가 분명한 상태를 Fidelity라고 정의한다. 수치, 정의, 정책 등을 명확한 문장과 근거로 표기하고, 업데이트 날짜를 표기하며, RSS/JSON Feed로 갱신 신호를 내보낸다. 또한 외부의 공신력 있는 출처(정부 · 학술 · 공식 논문 등)를 각주로 표기하고, 본문 말미에 참고문헌 목록을 기입한다.

- 좋은 예: '~의 공식 정의', '~의 10가지 체크리스트', '버전, 날짜, 담당 부서, 연락처'처럼 검증 가능한 문장과 표준화된 리스트
- 나쁜 예: '최고', '혁신적' 같은 수사, 근거·날짜·책임 표기가 없음

Trust(신뢰)

저자/조직 프로필, 라이선스 · 법적 고지, SameAS뿐 아니라 리뷰, 미디어 커버리지, 레퍼런스 고객 등 평판을 만드는 방식을 말한다(기관의 권위, 정본 URL(캐노니컬) 표시).

- 좋은 예: 회사 소개(주소·사업자·연락처), 저작권 및 라이선스(예: CC BY 4.0), 글쓴이 프로필·전문성, 수정 이력, 출처·인용 링크 명시
- 나쁜 예: 저자/조직 정보 부재, 출처 없이 주장만 반복

× NOTE ×

앵커 ID란 웹페이지의 특정 위치에 붙인 '표지판'(예: #faq)이다. '문의하기(→/support#contact)'처럼 문장 안에서 그 표지판을 선택하면, AI와 사용자 모두 필요한 구간으로 정확히 점프할 수 있다.

SIFT 프레임워크가 적용되는 채널

- 자사 웹사이트, 블로그(권장): 자유롭게 구조 설계 가능, 표준 태그·피드·로봇 제어 용이
- 오픈 문헌, 데이터 저장소: Wikipedia, Wikidata, arXiv, Zenodo 등이 해당되며 사전학습 전략에서 중요
- 동영상, 슬라이드, 문서 호스팅: YouTube, Slideshare, GitHub 등이 해당되며 같은 제목·요약으로 멀티 채널 일관성 유지
- 피드, 사이트맵: RSS, Atom, XML, JSON Feed 등 AI 및 검색 엔진에 갱신 신호를 보내는 배포관

SIFT의 나쁜 예

- 혼잡하고 모호하고 길다.
- 예: 우리 제품은 혁신적입니다. 여러 장점이 있고요. 고객이 쓰면 좋아합니다. 최신 기능도 있고요. (후략)
- 문제: 주장과 근거가 섞임, 문단이 길고 질문 형태와 무관, 제목·소제목이 기능하지 않음

SIFT의 좋은 예

- 짧고 목적성이 강하다.
- 예: 무엇을 해결하나요? 사내 보안 문서의 키워드 검색 실패율을 낮춥니다.
- 예: 어떻게 작동하나요? 문서의 제목·요약·FAQ를 JSON-LD와 FAQ 블록으로 공개하고, RSS·JSON Feed로 갱신 신호를 보냅니다.
- 자세한 표: 기능, 도입 시간, 담당자, 리스크 4열 표
- FAQ(5문): '사내 망 문서를 어떻게 관리하나요?'

테크니컬 GEO

테크니컬 GEO는 AI가 답변을 잘 선택하도록 기술적으로 대응하는 부분이다. 좋은 콘텐츠를 만들었다고 해서 AI가 자동으로 가져가는 것은 아니다. AI가 읽을 수 있고, 이해할 수 있고, 재사용하기 쉬운 상태로 배포해야 한다. 이를 가능하게 하는 것이 바로 테크니컬 GEO다. SEO의 기술적 최적화Technical SEO와 상당 부분 겹치지만, GEO 관점에서는 'AI가 보다 쉽게 가져가도록' 설계하는 것이 핵심이다.

필수 요소는 GSC/Bing 등록, Canonical, JSON-LD, Robots 정책, SSR/프리렌더링, Feed & IndexNow, Freshness 관제이며 보조 요소로 Core Web Vitals, llms.txt, Hreflang, 소셜 카드가 있다.

테크니컬 GEO가 구축되면 덤으로 구글과 Bing SEO에도 강력한 효과를 발휘한다. 내용이 어렵다면 웹개발자나 웹담당자를 붙잡고 물어보자. 개발 난이도가 높지 않아 쉽게 답변해줄 것이다.

GSC와 Bing 등록 - 기본 중의 기본

AI가 우리 사이트를 인용하려면 최소한 구글 서치 콘솔[GSC]과 빙 웹마스터[Bing Webmaster]에 사이트를 등록해야 한다. 특히 챗GPT와 제미나이는 Bing과 구글 인덱스를 적극 활용하므로, 등록만으로도 인용 가능성이 크게 올라간다. 혹자는 웹사이트를 GSC에 등록하지 않아도 AI에 인용된다고 주장한다. 물론 실제로 그런 경우도 있다. 하지만 GSC에 등록한다는 것은 웹사이트의 신뢰도와 정본성(URL의 소유권, 메타데이터 등)을 구글과 같은 검색엔진으로부터 인정받고, 동시에 색인[Indexing]이 된다는 의미이다. 즉, 검색엔진과 생성형 AI 모델이 웹사이트를 알기 시작했다는 의미이므로 사실상 필수 조건으로 보는 것이 맞다.

- GSC에서 사이트 소유권을 인증하고, 사이트맵을 제출한다.
  https://search.google.com/search-console/about
- Bing Webmaster에도 동일하게 등록하고 IndexNow를 활성화한다.
  https://www.bing.com/webmasters

× NOTE ×

• 구글 서치 콘솔(Google Search Console, GSC)

구글이 제공하는 무료 웹마스터 도구로, 웹사이트가 구글 검색에 어떻게 노출되고 있는지 확인하고 최적화할 수 있게 해준다. 검색 성과(노출, 클릭, CTR, 키워드 등)와 색인 상태, 크롤링 오류 등을 분석·관리할 수 있다.

• **Bing Webmaster Tools**
마이크로소프트 Bing 검색엔진용 웹마스터 도구로 사이트가 Bing에 어떻게 색인되고 검색, 노출되는지 확인할 수 있다. 검색 성과 데이터, 키워드 인사이트, 크롤링·색인 상태, SEO 진단 기능 등을 제공한다.

로봇 제어(robots.txt) & 크롤러 - 누가 어디까지 읽나

많은 웹사이트 운영자가 범하는 가장 흔하고 위험한 실수는 robots.txt에 대해 사이트 전체를 일괄 Disallow로 막아버리는 것이다. 이 경우 구글, 빙 같은 검색엔진뿐 아니라 챗GPT Search, 퍼플렉시티, 기타 생성형 AI 크롤러가 웹사이트에 전혀 접근할 수 없어서 검색 결과에 제목과 설명이 없는 유령 URL로 남거나, 아예 노출되지 않는 치명적 문제가 발생한다.

또 하나의 치명적인 실수는 noindex를 잘못 건 설정이다. 특히 X-Robots-Tag: noindex 같은 HTTP 헤더를 서버 레벨에서 전체 응답에 걸어두면, 중요 페이지까지 통째로 색인에서 빠져버려 검색 · AI 노출이 '0'이 되는 사고가 일어난다.

AI 시대의 로봇 제어는 결국 다음 두 가지 축으로 나뉜다.

- robots.txt
  → 어떤 봇이 어디까지 크롤링할 수 있는가?(크롤링 접근권)
- noindex(meta, X-Robots-Tag)
  → 이 URL을 검색·AI 답변에 노출시킬 것인가?(색인·노출 설정)

둘 중 하나만 잘못 건드려도 GEO 성과는 바닥으로 떨어진다. 특히 GEO 관점에서는 AI 크롤러가 아예 들어오지도 못하게 막아버리는 robots.txt 이슈, 학습 · 색인에서 중요한 페이지가 통째로 빠져버리는 noindex 사고, 이 두 가지를 가장 먼저 점검해야 한다.

[실무 체크리스트] 로봇 제어 사고 예방하기

❶ 사이트 전체 Disallow: / 여부부터 확인

- 새로 만든 사이트, 리뉴얼 직후, 스테이징에서 실서버로 이전한 경우
- User-agent: * 아래에 Disallow: /가 그대로 남아 있지 않은지 배포 직후 반드시 확인해야 한다.

❷ noindex 헤더(X-Robots-Tag)는 '범위'가 생명

- 웹서버나 CDN에서 X-Robots-Tag: noindex를 걸었다면, 크롬 개발자 도구 Network 패널에서 대표 URL(홈, 카테고리, 상세, 블로그)을 직접 열어 Response Headers에 해당 태그가 어떻게 붙어 있는지 확인해야 한다.

- 스테이징용 noindex 설정이 실서버 전체로 퍼지지 않도록 설정 파일(nginx, Apache, Cloudflare Rules 등)을 주기적으로 리뷰하라.

❸ 정적 리소스(CSS/JS/이미지)는 웬만하면 막지 말 것

- /assets/, /static/, /images/ 같은 경로를 Disallow로 막아버리면 크롤러가 페이지를 제대로 렌더링하지 못해 모바일 친화성 및 콘텐츠 이해도 평가가 떨어진다.
- 특별한 보안 이슈가 없다면 허용이 기본값이다.

❹ 검색·AI에 노출하고 싶지 않은 리소스는 '인증'으로 막기

- 내부 보고서, 유료 멤버십 콘텐츠 등은 단순히 Disallow만으로는 보안이 완전하지 않다.
- 로그인/인증 뒤에 두고, 필요하다면 X-Robots-Tag: noindex를 병행하는 것이 안전하다.

❺ AI 크롤러의 '무시/위장' 가능성 고려

- 대부분의 메이저 봇은 robots.txt를 존중하지만, 일부 봇은 이를 무시하기도 한다.
- 민감한 영역은 WAF(웹 방화벽), IP 차단 등을 함께 쓰는 것이 좋다.

다음 코드는 검색 노출은 최대화하되, 무분별한 AI 학습은 제어하는 실전 예시다. 이 책에서 제공하는 모든 코드 예시는 오른쪽의 QR 코드를 스캔하여 자유롭게 사용할 수 있다.

AI & 검색 크롤러를 함께 고려한 robots.txt 전략

```
1. 기본값: 대부분의 페이지는 크롤링 허용
User-agent: *
Allow: /
Disallow: /checkout/
Disallow: /my-account/

2. OpenAI - ChatGPT Search / 검색 노출용 크롤러(검색 트래픽
확보)
User-agent: OAI-SearchBot
Allow: /

3. OpenAI - 모델 학습용 크롤러(콘텐츠를 학습 데이터로 쓰지
않으려면 차단)
User-agent: GPTBot
Disallow: /

4. ChatGPT가 사용자의 요청으로 특정 URL을 직접 가져올 때 사
용하는 크롤러
User-agent: ChatGPT-User
Allow: /

5. Perplexity AI - 문서 구간만 허용, 관리자 페이지는 차단
User-agent: PerplexityBot
Allow: /docs/
Disallow: /admin/
```

이 예시는 다음과 같은 전략을 담고 있다.

- 일반 검색엔진(구글, 빙 등): 대부분 User-agent: * 규칙을 따른다.
- OAI-SearchBot: Allow: /를 명시해 ChatGPT Search 탭에서 우리 사이트가 답변·인용에 사용될 수 있게 적극 허용한다.
- GPTBot: Disallow: /로 막아, 내 콘텐츠가 거대언어모델(LLM)의 학습 데이터로만 쓰이는 것은 차단한다.
- PerplexityBot: 답변에 필요한 문서(/docs/)만 허용하고, /admin/ 같은 민감한 경로는 차단하여 최소한의 노출만 허용한다.

× NOTE ×

• robots.txt
사이트 루트(/robots.txt)에 위치하는 텍스트 파일. 검색엔진 및 AI 크롤러에게 크롤링 가능한 경로(Allow)와, 불가능한 경로(Disallow)를 알려주는 규칙 집합

• 크롤링(Crawling)
봇이 웹페이지에 방문해 HTML, 링크, 리소스를 가져가는 과정. 크롤링이 선행돼야 색인과 학습이 가능

• 색인(Indexing)
크롤링한 페이지를 검색엔진/AI의 내부 데이터베이스에 저장하고, 검색 결과나 AI 답변에 사용할 수 있게 만드는 단계

• noindex 메타태그
<meta name="robots" content="noindex">처럼 HTML에 삽입하여 특정 페이지를 검색엔진 색인(Index)에서 제외시키는 명령어

• CSS/JS/이미지 차단
robots.txt 등으로 스타일(CSS), 스크립트(JS), 이미지 파일의 크롤링을 막는 것. 과거에는 트래픽 절감을 위해 쓰였지만, 현재는 검색엔진이 페이지를 완전하게 렌더링하지 못하게 만들어 SEO 및 GEO 평가에 큰 악영향을 줄 수 있음

캐노니컬(Canonical) - 진짜 URL 알려주기

홈페이지를 비롯하여 다양한 채널에서 중복 URL이 생겨도 정본(오리지널 URL)을 정의하면 AI 검색이 그 URL을 대표로 취급할 확률이 높아진다.

구글을 비롯해서 생성형 AI는 수십 개의 신호를 종합하지만, rel="canonical"은 강한 힌트로 인용, 랭킹, 신뢰 신호가 정본 URL로 모이게 하는 효과를 준다.

예시 HTML

```
<link rel="canonical" href="https://example.com/products" />
```

쉬운 운영 팁

- **정본 URL 결정**: www/비-www, 슬래시 유무, 언더바/대소문자 등 한 가지 규칙으로 고정
- **파라미터 URL**: 파라미터 URL(예: ?utm=..., ?ref=...)에도 반드시 정본 지정
- **보조 채널에도 표기**: 티스토리, 브런치 등 태그 수정이 불가능한 외부 플랫폼에서는 본문 최상단에 '원본 글 보러 가기' 형태로 출처 링크(Backlink)를 명시하여 크롤러에게 원본 위치를 힌트로 제공

고급 운영 팁

- **PDF/파일도 정본 신호**: HTML이 아닌 파일은 HTTP 헤더로 정본을 표시(지원 여부 확인 필요)
- **크로스 도메인 캐노니컬**: 외부 매체(예: 티스토리)에 게재한 전문이 자사 정본을 가리키게 할 수 있음(플랫폼 지원 여부 확인 필요)
- **시그널 일관성**: 내부 링크, 사이트맵, Hreflang, 오픈그래프 등 모든 신호가 정본을 가리키게 해야 효과적
- **301 vs. 캐노니컬**: 301은 강제 이동(URL 통합), 캐노니컬은 신호 합치기(사용자 URL 유지)로 상황에 따라 병행

실무자가 자주 하는 실수

- 상대경로 사용(href="/original") → 캐노니컬 태그 내 URL은 반드시 보안 프로토콜(HTTPS)까지 포함된 절대경로 사용
- A가 B를, B가 C를 캐노니컬(체인) → 모두 한 번에 최종 정본으로(직접 캐노니컬)
- 모든 페이지를 홈으로 캐노니컬(무효) → 문서별 정본
- 정본으로 보려는 페이지를 robots로 차단(색인 불가) → 차단 금지

× **NOTE** ×

• **캐노니컬(Canonical)**

여러 중복 URL 중 '대표 원본 URL'을 검색엔진에 알려주는 태그. 인덱싱과 랭킹 신호를 한 곳으로 모으는 역할

- **파라미터 URL(Parameter URL)**
?utm=, ?ref= 등 추가 파라미터가 붙은 URL. 추적이나 정렬/필터 기능에 쓰이지만, 중복 콘텐츠 문제를 일으킬 수 있음

- **사이트맵(Sitemap)**
검색엔진이 크롤링할 수 있도록 사이트 내 주요 URL을 구조적으로 모아둔 XML 파일. 색인 효율을 높이는 역할

- **Hreflang**
다국어/다지역 페이지에서 어떤 언어/지역 버전을 보여줘야 하는지 검색엔진에 알려주는 태그(예: hreflang="ko-KR")

- **오픈그래프(Open Graph)**
페이스북이 만든 메타태그 표준으로, 링크가 SNS 등에 공유될 때 섬네일, 제목, 설명 등을 제어하는 규격

- **301(301 Redirect)**
특정 URL을 다른 URL로 영구히 이동시키는 서버 상태 코드. SEO상에서는 새로운 URL로 권한과 랭킹 신호가 대부분 승계됨

구조화 데이터(JSON-LD 권장) - 기계가 읽는 요약서

AI와 검색엔진은 의미를 이해해야 정확히 요약하고 인용한다. JSON-LD는 페이지의 의미(기사, FAQ, 영상, 조직 등)를 표준 단어로 알려주는 요약서라고 생각하면 쉽다.

즉 schema.org에서 정의한 표준 단어인 Article(언론 기사 · 블로그 글 등 텍스트 콘텐츠), FAQPage(질문 · 답변 모음), Product(제품 정보), Organization(회사 · 조직 정보), VideoObject(동영상) 등을 사용하여

해당 웹페이지가 어떤 종류의 콘텐트인지 기계에 알려준다.

Article + Organization(기본 HTML 예시)

```
<script type="application/ld+json">
{
  "@context": "https://schema.org",
  "@type": "Article",
  "headline": "GEO 핵심 전략",
  "datePublished": "2025-09-08",
  "dateModified": "2025-09-08",
  "author": {
    "@type": "Person",
    "name": "홍길동"
  },
  "publisher": {
    "@type": "Organization",
    "name": "Example Co",
    "logo": {
      "@type": "ImageObject",
      "url": "https://example.com/logo.png"
    }
  }
}
</script>
```

FAQPage(확장 HTML 예시)

```
<script type="application/ld+json">
{
  "@context": "https://schema.org",
  "@type": "FAQPage",
  "mainEntity": [{
    "@type": "Question",
    "name": "GEO란 무엇인가?",
    "acceptedAnswer": { "@type": "Answer", "text": "AI 답변에 인용되도록 콘텐츠를 최적화하는 전략" }
  }]
}
</script>
```

- FAQPage, HowTo, VideoObject, ImageObject 등을 상황에 맞게 추가한다.
- dateModified를 주기적으로 갱신해 'Freshness' 신호를 준다.
- sameAs 속성으로 SNS, 위키, GitHub 등을 연결하면 엔티티 일관성이 높아진다.

VideoObject(영상·자막·섬네일·업로드일 중요. HTML 예시)

```
<script type="application/ld+json">
{
  "@context": "https://schema.org",
```

```
  "@type": "VideoObject",
  "@id": "https://example.com/videos/geo-intro",
  "name": "GEO 전략 소개 영상",
  "description": "Zero Click 시대, AI가 답을 가져가게 만드는 GEO 전략에 대한 3분 요약 영상입니다.",
  "thumbnailUrl": "https://example.com/thumbnails/geo-intro.jpg",
  "uploadDate": "2025-09-08",
  "duration": "PT3M20S",
  "contentUrl": "https://example.com/videos/geo-intro.mp4",
  "embedUrl": "https://www.youtube.com/embed/abcd1234",
  "publisher": {
    "@type": "Organization",
    "name": "Example Co",
    "logo": {
      "@type": "ImageObject",
      "url": "https://example.com/logo.png",
      "width": 200,
      "height": 60
    }
  }
}
</script>
```

쉬운 운영 팁

- 1단계: 문서 템플릿에 Article, Organization부터 고정으로 넣기
- 2단계: FAQ, Video, 제품 상세 페이지 등 특정 페이지에만 해당 타입

을 추가(없는 내용은 절대 허위로 마크업하지 않기)

- 3단계: 최초 발행 및 이후 수정할 때마다 dateModified를 현재 시점으로 설정해 신선도(Freshness) 신호 주기

고급 운영 팁

- @id(영구 식별자)로 문서를 고유하게 표기하면, 여러 스키마가 같은 문서를 지칭하기 쉬움
- 여러 타입은 @graph로 묶거나 스크립트를 분리(충돌만 없도록)
- sameAs(조직/저자)에 공식 채널 URL 묶기(엔티티 일관성 향상)
- 검증 도구(리치 결과 테스트, 스키마 테스트)로 발행 전에 오류 잡기

실무자가 자주 하는 실수

- 페이지에 보이지 않는 Q/A를 FAQ로 마크업(구글 가이드라인 위반)
- 날짜, 가격, 브랜드 등 사실과 다른 값(패널티 위험)
- dateModified 미갱신(신선도 신호 약화)
- @context, @type 누락 및 오탈자

× NOTE ×

• 구조화 데이터(Structured Data)

콘텐츠의 의미를 검색엔진이 이해할 수 있도록 표준화된 형식(schema.org 등)으로 마크업한 데이터

• JSON-LD

구조화 데이터를 표현하는 방식 중 하나로, 자바스크립트 객체(JSON)를 HTML <script type="application/ld+json">에 담아 제공. 가장 권장되는 포맷

• dateModified
웹페이지가 마지막으로 수정된 날짜를 구조화 데이터에 표시하는 속성. 검색엔진이 최신성 신호로 활용

• 엔티티 일관성
동일한 브랜드, 인물, 제품 등의 엔티티를 웹 전반에서 동일하게 표기·마크업하여 검색엔진이 혼동 없이 연결하도록 만드는 것

• 검증 도구(리치 결과 테스트, 스키마 테스트)
구조화 데이터가 올바르게 작성되었는지, 검색엔진에서 리치 결과로 표시 가능한지 확인하는 공식 테스트 도구들

SSR/프리렌더링 – 자바스크립트 사이트의 필수 조건

웹페이지가 자바스크립트[JavaScript]로 되어 있다면 AI 크롤러가 웹페이지를 읽기 어렵다는 사실을 알고 있는가? SPA[Single Page Application]는 본문이 자바스크립트 실행 후 로드되기 때문에, AI 크롤러는 빈 페이지를 보게 된다. 따라서 SSR[Server-Side Rendering] 또는 프리렌더링으로 초기 HTML에 본문을 포함시켜야 한다.

Next.js 예시(JavaScript)

```
export async function getServerSideProps() {
  const res = await fetch('https://example.com/api/post');
```

```
  const data = await res.json();
  return { props: { data } };
}
```

× NOTE ×

• SSR(Server-Side Rendering)

웹페이지를 서버에서 미리 HTML로 완성해 보내는 방식. 초기 로딩 속도와 SEO에 유리

• 프리렌더링(Prerendering)

빌드 시점에 정적 HTML 파일을 미리 생성해두고, 사용자가 요청하면 즉시 제공하는 방식. 정적 사이트 생성기(Gatsby, Hugo 등)가 대표적

• 자바스크립트(JavaScript)

브라우저에서 실행되는 대표적인 프로그래밍 언어로, 웹페이지의 동적 동작과 인터랙션을 구현

피드 배포(RSS/Atom/JSON Feed) - 변경 알람 라인

AI/검색이 자주 돌아오게 하려면 새 글이 나오거나 글이 수정되었을 때 이를 자동으로 알려주어야 한다. 그 파이프라인이 바로 피드이다.

무엇을 내보내는가

- RSS/Atom: 전통 표준(광범위한 호환성)
- JSON Feed: 개발자가 다루기 쉬움(요즘 툴 친화적)

JSON Feed 최소 템플릿(json)

```
"items": [{
  "id": "https://example.com/geo-guide",
  "url": "https://example.com/geo-guide",
  "title": "GEO 가이드",
  "content_html": "<p>이것은 GEO 가이드의 전체 본문입니다...
</p>",
  "date_published": "2025-09-08T02:00:00Z"
}]
```

RSS 2.0 최소 템플릿(xml)

```
<?xml version="1.0" encoding="UTF-8"?>
<rss version="2.0">
  <channel>
    <title>Example RSS</title>
    <link>https://example.com/</link>
    <item>
      <title>GEO 가이드</title>
      <link>https://example.com/geo-guide</link>
      <pubDate>Mon, 08 Sep 2025 02:00:00 GMT</pubDate>
      <guid isPermaLink="true">https://example.com/geo-guide
</guid>
    </item>
  </channel>
</rss>
```

쉬운 운영 팁

- 1단계: 사이트에 /feed.xml(RSS) 또는 /feed.json(JSON Feed)을 노출
- 2단계: <head>에 피드 자동발견 링크 추가(하기 HTML)

```
<link rel="alternate" type="application/json" href="/feed.
json" title="JSON Feed">
<link rel="alternate" type="application/rss+xml" href="/
feed.xml" title="RSS">
```

- 3단계: CMS(워드프레스, 티스토리 등)에서 전체공개 설정 (요약이 아니라 전문 또는 충분한 본문 권장)

고급 운영 팁

- GUID 안정성: 피드 항목의 id/guid는 변하지 않는 값을 써야 중복 수집이 안 생김
- 타임존/형식: RSS pubDate(RFC 822), JSON Feed date_published(ISO 8601)
- 멀티 피드: 블로그, 뉴스, 릴리즈 노트를 분리 피드로(소비자가 원하는 것만 구독 가능)
- 미디어/팟캐스트: RSS의 <enclosure>로 오디오/영상 배포도 가능

실무자가 자주 하는 실수

- 피드 링크를 <head>에 넣지 않음(발견성 저하)
- 항목 id/guid가 매번 바뀜(중복·누락)
- '요약만' 제공(인용 문맥이 부족) → 가능하면 본문 제공
- 피드 발행은 했는데 구글 서치 콘솔, 네이버 서치 어드바이저, Bing에 제출하지 않음

× NOTE ×

• RSS(Really Simple Syndication)
웹사이트의 최신 글, 뉴스를 구독할 수 있게 해주는 XML 기반 피드 형식

• Atom
RSS와 유사하지만 더 표준화된 구조를 가진 XML 기반 피드 형식. 확장성과 국제화 지원이 더 강함

• JSON Feed
RSS, Atom과 같은 목적이지만 XML 대신 JSON 형식을 사용하는 최신 피드 규격. 개발자 친화적임

• GUID 안정성(GUID Stability)
RSS, Atom 피드에서 항목을 식별하는 고유 ID(GUID)가 변하지 않고 유지되는 특성. 중복 수집 방지를 위해 중요

• XML(eXtensible Markup Language)
데이터를 구조적으로 표현하기 위한 마크업 언어. RSS, Atom 같은 피드나 다양한 데이터 교환 포맷의 기반

IndexNow - 방금 바꾼 URL을 즉시 알림

크롤러가 돌아오길 기다리지 말고, 우리가 먼저 알린다는 개념으로 이해하면 좋다. 게시, 수정, 삭제 즉시 반영되어 속도전에서 매우 유리하다.

쉬운 운영 팁

- 키 발급/설치: 사이트 루트에 YOUR_KEY.txt 업로드
- 단건 핑(매우 간단)

```
curl -X GET "https://www.bing.com/indexnow?url=https%3A%2F%2
Fexample.com%2Fgeo-guide&key=YOUR_KEY"
```

- 벌크 핑(권장): 게시 파이프라인에서 POST JSON 자동 전송

고급 운영 팁

- JSON 데이터 예시

```
POST /indexnow HTTP/1.1
Host: www.bing.com
Content-Type: application/json; charset=utf-8
{
  "host": "example.com",
  "key": "YOUR_KEY",
```

```
    "urlList": [
      "https://example.com/geo-guide",
      "https://example.com/faq"
    ]
}
```

- 이벤트 훅: CMS(게시/수정/삭제)나 CI/CD의 웹훅 단계에서 자동 호출
- 재전송 전략: 실패 응답은 지수적 재시도(몇 분→몇 시간)
- 불필요한 남발 금지: URL이 실제로 바뀐 경우에만

× NOTE ×

• IndexNow

Bing, Naver, Yandex 등이 지원하는 즉시 색인 프로토콜. 사이트가 업데이트되면 검색엔진에 바로 알려 색인 속도를 높임(구글은 IndexNow 지원하지 않음)

• 단건 핑: URL이 하나 수정될 때 그 URL만 검색엔진에 전송

• 벌크 핑: 여러 URL을 한 번에 묶어서 전송. 대규모 업데이트 시 효율적

• 게시 파이프라인(Publishing Pipeline)

콘텐츠의 작성 → 승인 → 배포 → 색인 통보까지 이어지는 일련의 자동화된 흐름(워크플로)

• 이벤트 훅(Event Hook/Webhook)

특정 이벤트(예: 새 글 게시, 수정)가 발생했을 때, 자동으로 외부 서비스(API)로 알림을 보내는 트리거 메커니즘

다국어(Hreflang) - 언어·지역 버전 연결

한국어/영어 페이지가 있을 때, 각 페이지가 서로를 가리키면 AI/검색이 같은 엔티티Entity로 이해하며, 사용자는 자기 언어 버전으로 자동 안내 된다.

HTML 예시

```
<link rel="alternate" hreflang="ko-KR" href="https://
example.com/ko/geo-guide" />
<link rel="alternate" hreflang="en-US" href="https://
example.com/en/geo-guide" />
<link rel="alternate" hreflang="x-default" href="https://
example.com/geo-guide" />
```

고급 운영 팁

- 상호참조 원칙: ko 페이지도 en·x-default를, en도 ko·x-default를 서로 가리켜야 함
- 코드 정확성: ko-KR, en-US처럼 언어-지역을 올바른 코드로 작성

× NOTE ×

• Hreflang

다국어/다지역 페이지에서 어떤 언어/지역 버전을 보여줄지 검색엔진에 알려주는 HTML 속성(예: hreflang="en-US", hreflang="ko-KR")

- **엔티티(Entity)**

검색엔진이 인식하는 고유한 개념이나 객체. 사람, 브랜드, 장소, 제품 등 의미 단위로 정의되며, 단순 키워드보다 맥락과 관계 중심으로 처리됨

검증 & 관제 - 내가 설정한 대로 작동하는가

테크니컬 GEO는 한 번 세팅했다고 끝나는 작업이 아니다.

캐노니컬, JSON-LD, Feed, IndexNow 등이 의도대로 작동하는지 주기적으로 점검해야 하며, 발행 전 QA와 발행 후 모니터링 체계를 갖추어야 한다. 이를 '검증 & 관제'라 한다.

1. 발행 전후 점검 루틴(체크리스트)

구분	점검 항목	설명 / 도구
URL 검사	정본(Canonical), 상태코드(200/301), 로봇 허용 여부	크롬 개발자 도구, curl -I
스키마 테스트	JSON-LD 오류/경고 확인	Rich Results Test, Schema Validator
피드 유효성	항목 수, 날짜, GUID 안정성 확인	W3C Feed Validation Service
인덱싱 지표	제출된 사이트맵/피드에서 수집량 증가 여부 확인	Google Search Console, Bing Webmaster
IndexNow 로그	요청/응답 코드 기록 및 실패 재시도 여부	IndexNow API 로그 모니터링

2. 로그·계기판(대시보드) 아이디어

GEO 운영자는 단순 점검을 넘어서 대시보드를 통해 상황을 한 눈에 보는 것이 좋다. 다음과 같은 항목을 시각화하면 효과적이다.

- 발행 vs. 수집: 어제 발행한 URL 수 vs. 오늘 AI/검색이 수집한 URL 수 비교
- 정본 URL 일관성: 동일 문서가 여러 URL로 인용되는 비율 → 높으면 Canonical 신호 점검 필요
- AI Referrer 유입 추세: chatgpt.com, perplexity.ai, bing.com/chat, claude.ai 등에서 발생하는 유입량 그래프

3. 예시: GA4/Matomo에서 AI Referrer 추적

- GA4: 보고서 > 획득 > 트래픽 획득 > 세그먼트 추가 > 소스 필터링 (chatgpt.com, perplexity.ai)
- Matomo: 리퍼러 보고서에서 커스텀 필터 생성 → AI 관련 도메인만 추적

기타 테크니컬 GEO(보조/확장)

앞서 살펴본 필수 요소들만 챙겨도 GEO 운영에는 큰 문제가 없다. 다만 여력이 될 때 다음의 세 가지 보조 요소를 챙겨두면 도움이 될 것이다. 상대적으로 가볍게 적용할 수 있는 항목들이다.

Core Web Vitals(사이트 성능)

구글이 강조하는 사용자 경험 지표다. LCP(로딩 속도), CLS(화면 안정성), INP(인터랙션 반응성) 등이 여기에 포함된다. 빠르고 안정적인 사이트는 검색엔진과 AI 모두가 선호한다. 이미지 크기를 줄이고, 불필요한 스크립트를 제거하는 것만으로도 효과가 있다.

llms.txt(AI 안내서)

robots.txt가 '어디까지 읽을 수 있나'를 알려주는 규칙이라면, llms.txt는 'AI야, 이 문서부터 읽어봐'라고 안내하는 신흥 관행이다. 사이트 루트(/llms.txt)에 핵심 문서 몇 개를 마크다운 형식으로 지정해두는 방식이다. 아직 공식 표준은 아니고 AI가 얼마나 활용하는지도 불확실하지만, 시도해볼 가치는 있다.

소셜 카드(미리보기 최적화)

페이스북, 카카오톡, X(트위터) 등에서 링크를 붙여 넣었을 때 보이는 큰 섬네일과 요약문을 제어하는 기능이다. Open Graph, Twitter Card 같은 태그로 설정할 수 있다. 비주얼과 요약이 깔끔하면 사람뿐 아니라 AI도 페이지 내용을 보다 명확히 이해할 수 있다.

실행 방법:
피드백 루프

피드백 루프의 정의

앞서 살펴본 질문 설계 전략과 SIFT 콘텐츠 전략, 그리고 테크니컬 GEO 전략은 어떻게 실행할까? AI 시대인 오늘날, 사실 GEO 전략뿐 아니라 마케팅과 개발, 기획 등 대부분의 업무 영역이 이 방법을 채택하고 있다. 바로 피드백 루프Feedback Loop이다.

AI는 정적인 엔진이 아니다. 한 번 학습하고 끝나는 기계가 아니라, 매일 수억 개의 사용자 피드백을 받고 사용자의 반응을 실시간으로 관찰하며 스스로 답을 조정하는 '동적 엔진Dynamic Engine'이다. 사람들이 어떤 답변을 클릭하고, 얼마나 오래 머물고, 다시 어떤 질문을 던지는지, AI는 이 모두를 학습의 재료로 삼는다.

이런 이유로 GEO 전략은 '완성'이 아니라 '운영'의 개념에 가깝다. AI가 매일 새로 배우기 때문에 우리는 이에 맞춰 콘텐츠를 조금씩, 자주, 빠르게 수정해야 한다. 이 반복적인 과정이 바로 피드백 루프이다.

피드백 루프란 결과에서 얻은 데이터를 다시 입력으로 돌려, 성능을 지속적으로 개선하는 순환 구조를 말한다. 단순히 한 번의 수정이나 업데이트가 아니라, '관찰 → 분석 → 조정 → 재검증'으로 이어지는 학습 사이클이다.

이 개념은 GEO뿐 아니라 마케팅, 제품 개발, AI 에이전트 설계, 심지어 조직 운영 전반에도 광범위하게 활용된다. 핵심은 '반응으로부터 배우고, 그 배움을 즉시 다음 행동으로 돌려주는 구조'에 있다. 다른 영역에서의 피드백 루프 사례도 간단히 살펴보자.

마케팅에서의 피드백 루프 - 허브스팟의 사례

허브스팟HubSpot은 최근 자사 블로그에서 'AI-Driven Content Feedback Loop' 실험 결과를 공개했다. AI가 모든 콘텐츠의 클릭률CTR, 체류 시간, 전환율 데이터를 실시간으로 분석하고, 그 결과를 자동 요약 보고서 형태로 마케터에게 피드백하게 한 것이다.

예를 들어 한 캠페인에서 'CRM 자동화'라는 키워드로 유입된 독자들이 두 번째 단락에서 이탈하는 패턴이 발견되면, AI는 이를 '문단 길이 과다, CTA 부재'로 분류한다. 마케터는 그 결과를 반영해 CTA 버튼을 상단으로 옮기고, 문단을 두 개로 분할한다.

이후 48시간 내 다시 수집된 데이터를 기반으로 AI가 수정 전후의 성과를 비교하여 자동 리포트 형태로 재전달한다. 즉, '콘텐츠 생성 → 반응 분석 → 구조 개선 → 재검증'의 루프가 하루 단위로 순환되는 구조다.

허브스팟은 이 루프를 통해 콘텐츠당 평균 클릭률을 37%, 전환율을 22% 향상시켰다고 밝혔다. 이처럼 피드백 루프는 단순한 분석 보고서가 아니라, AI가 제안하고 인간이 바로 수정하는 '학습형 마케팅 시스템'으로 진화하고 있다.

개발과 AI 에이전트의 피드백 루프

피드백 루프는 개발에서도 가장 보편적인 구조로 자리 잡고 있다. 특히 AI 에이전트AI Agent는 상당수가 이 구조를 토대로 움직인다고 해도 과언이 아니다.

예를 들어 오픈AI의 AutoGPT나 CrewAI, 그리고 앤트로픽Anthropic의 Claude Orchestrator 같은 에이전트들은 사용자의 명령을 수행한 뒤 결과를 스스로 평가하고Self-Evaluation '이 답이 충분히 정확한가?', '다른 접근이 필요했는가?'를 다시 피드백한다. 그 평가 결과는 메모리에 저장되어 다음 행동에 반영된다.

즉, AI 스스로가 끊임없이 자신의 행동을 관찰하고 교정하는 '자기 강화Self-Improving 루프'를 돌리고 있는 것이다. 이 구조 덕분에 에이전트는 점점 더 효율적으로 문제를 해결하고, 시간이 지날수록 '한 번에 정답에 도달할 확률'이 높아진다.

이 원리는 GEO에도 그대로 적용된다. AI가 사용자의 반응을 통해 콘텐츠의 품질을 재평가하듯, 우리도 AI의 반응을 통해 우리 콘텐츠를 재구성해야 한다. 결국 'AI를 학습시키는 동시에, 우리도 함께 학습하는 구조'가 GEO 피드백 루프의 핵심이다.

GEO에서의 피드백 루프 작동 방식

AI는 우리가 직접 보지 않아도 계속 평가한다. 사용자의 클릭, 체류, 이탈, 재질문, '유용함' 표시가 모두 점수로 반영된다.

사용자 반응	AI의 해석	결과적 변화
인용 링크 클릭	정보 만족도 높음	해당 문서의 인용 확률 상승
스크롤 없이 이탈	불만족 추정	품질 점수 하락
'유용함' 평가, 좋아요	긍정 피드백	신뢰도 상승
동일 출처 재인용	높은 연관성 유지	주제 권위성 강화

AI가 이렇게 반응을 갱신하듯, 우리도 그 결과를 다시 관찰하고 조정해야 한다. 이것이 바로 GEO 피드백 루프다. 실무적으로는 다음과 같이 적용한다.

1. 올리고 → 반응을 보고 → 바로 고친다.

- 완벽하게 쓰려 하기보다, 일단 올리고 반응을 본다.
- 반응이 낮은 문서는 서두 3문장, FAQ 3개, 표 1개만 수정해본다.

2. 새 글보다 자주 손본 글이 더 강하다.

- AI는 '최근 수정'과 '갱신 빈도'를 품질 신호로 인식한다.
- 날짜(dateModified)만 갱신해도 긍정 신호가 쌓인다.

3. 작은 루프를 주 단위로 굴린다(하기는 예시).

- 매주 월요일: 인용이 잘된 글 1개, 반응 낮은 글 1개를 선택
- 수요일: 서두와 FAQ만 수정
- 금요일: 재발행 후 AI 인용 여부 확인

이 작은 루프를 꾸준히 돌리는 팀은 AI가 '살아 있는 브랜드'로 인식하기 시작한다. GEO의 본질은 기술이 아니라 리듬이다. AI가 매일 학습하듯, 브랜드도 매일 업데이트해야 한다.

생성형 AI 서비스별 주요 스킬

SIFT 프레임워크와 테크니컬 GEO는 생성형 AI의 공통된 필수 조건이다. 하지만 생성형 AI별로 그라운딩 전략에 차이가 있다. 현재 국내에서 가장 많이 사용되고 있는 챗GPT와 제미나이, 퍼플렉시티, 네이버를 대상으로 2025년 8월 현재까지 밝혀진 주요 스킬을 공개한다.

참고로, 이런 스킬은 서비스사에서 오픈하지 않는다. 보통은 전문가들이 역추적하여 정리한다. 현재 제시하는 스킬은 가변성이 최소화된 비교적 안전한 전략으로 판단하고 공유하지만, 언제든 변경될 수 있다는 점은 다시 한번 양해를 구한다.

챗GPT(웹 검색 포함)

- OAI-SearchBot 허용: robots.txt에서 차단하지 말 것(검색용)
- Bing 경로 강화: 사이트맵 + RSS/Atom 제출, IndexNow 자동화

- 문서 구조: 3문장 요약 + 표/FAQ + 근거(즉답 레이아웃)

구글 계열(제미나이, AI 개요)

- JSON-LD 엄격 준수(Article, FAQ, Product, Organization, Video)
- 피드 링크를 <head> 내 <link rel="alternate"> 태그로 노출
- FAQ 리치 결과 축소 이후에도 FAQ 블록 자체는 GEO에 유효

퍼플렉시티(인용 중심)

- 권위 있는 출처(정부·학술·표준·공식 문서) 링크를 본문 하단에 블록으로 명시
- 정적 HTML/PDF 허브 + 영문 병행 + DOI/식별자가 유리

네이버/국내 맥락

- 서치 어드바이저(Search Advisor)에 사이트맵/RSS 등록
- 자사 웹/티스토리 병행: 국내 분석에 따르면 네이버 블로그는 주요 AI 크롤러 접근이 약해 챗GPT 인용에서 불리한 반면, 티스토리·자사 웹은 상대적으로 유리하다는 관측이 있음(정책·현황은 변동 가능)
- 플랫폼 정책 변화가 잦으므로 분기별 점검 루틴 운영

GEO를 위한 체크리스트

지금까지 다룬 내용들을 다음 페이지에 표로 요약, 정리했다. GEO를 위한 체크리스트로 사용하면 도움이 될 것이다. 다만 SIFT 콘텐츠 전략은 기업과 브랜드별로 고민할 지점이 많을 것이다. 사업 방향과 마케팅, PR 등이 복합적으로 얽혀 있는 영역이기 때문이다. 그럴 때는 필수 테크니컬 GEO 전략을 먼저 확인해보길 제안한다. 필수 테크니컬 GEO는 개발 영역이지만 상대적으로 확인과 적용이 빠른 부분이다. 또한 피드백 루프 방식으로 실행해야 한다는 것을 다시 한번 강조하고자 한다.

GEO는 계속 발전하고 진화하는 영역이다. 20년 가까운 역사를 지닌 SEO에서도 계속 새로운 방법과 알고리즘이 나오듯이 GEO도 앞으로 계속 진화하고 변화할 것이다. 특히 테크니컬 GEO 기법은 분명 수 개월 내에 또 다른 방법론들이 등장할 것이다. 그래서 이 책에서는 테크니컬 GEO의 기본기 혹은 원칙에 가까운 방법론을 중심으로 서술했다. 그 기본기란 'AI 검색이 명확성, 일관성, 신뢰성을 중시한다'는 것이며 테크니컬 GEO 방식도 이에 포커스를 맞춘다. 또한 명확하게 말할 수 있는 사실은, 이 책에서 다루는 내용들을 이해하고 적용할 수 있다면 향후 어떤 방법론이 나와도 추가하거나 수정하기가 어렵지 않을 것이다.

구분	세부 주제	방법론	주요 내용
질문 전략	데이터 기반 질문	AI에 인용될 질문을 정리	구글 서치 콘솔, 네이버 데이터랩, Reddit, Quora, 지식인 등에서 질문 수집
	경쟁사 벤치마킹	경쟁사 인용 사례 분석	챗GPT, 퍼플렉시티에서 인용된 경쟁사 콘텐츠의 구조, 키워드, 인용 방식을 분석
	질문 타입 최적화	AI가 선호하는 질문 유형	AI는 답변 생성 시 FAQ, TL;DR 요약, How-to 형식 선호
	연관 질문·트렌드	우선순위 결정	브랜드 연관성·전문성 높은 질문을 먼저 공략
콘텐츠 전략 (SIFT)	Structure	콘텐츠 구조화	제목, 요약, 본문, FAQ, 표/리스트, 출처 순으로 구성. 짧은 문단, 섹션별 앵커 ID
	Intent	검색 의도 정렬	정의, 비교, 순서, 체크리스트 등 질문 의도에 맞는 형식으로 답변 제작
	Fidelity	정확성, 충실성	최신 데이터·통계·실험 결과 포함, 1500~2000자 이상의 롱폼 작성, 업데이트 날짜 명시

콘텐츠 전략 (SIFT)	Trust	신뢰 신호 강화	저자 정보·조직·출처·외부 권위 인용·E-E-A-T 요소 강화, PR 기사 중요도 상승
	보강 요소	콘텐츠 확장 전략	토픽 클러스터·허브-스포크 구조, 멀티모달(이미지·비디오) 최적화는 SIFT와 연결
테크니컬 GEO (필수)	GSC, Bing 등록	챗GPT와 제미나이 인용을 위한 필수	Google Search Console과 Bing Webmaster에 웹사이트 등록(필수에 가까움)
	Canonical & 정본 신호	정본 URL 지정	모든 문서에 rel= "canonical" 적용, 파라미터·중복 페이지는 정본으로 수렴, 외부 채널은 본문 상단에 출처 링크(Backlink) 명시
	JSON-LD (기본)	구조화 데이터 기본	Article + Organization 스키마 적용
	JSON-LD (확장)	구조화 데이터 확장	FAQPage·HowTo·VideoObject·ImageObject, sameAs 속성으로 위키·SNS 연결, dateModified 갱신
	Robots 정책	봇 접근 제어	OAI-SearchBot 허용, GPTBot 선택적 허용, PerplexityBot 경로별 제어, 고도화(Google-Extended, ChatGPT-User까지 분리)
	SSR/프리렌더링	렌더링 최적화	핵심 본문은 초기 HTML에 포함, Dynamic Rendering은 임시 우회책
	Feed & IndexNow	발견성 신호	RSS/Atom + JSON Feed 제공, <head>에 rel="alternate" 삽입, IndexNow로 발행/수정/삭제 즉시 알림, CMS 자동화

테크니컬 GEO (필수)	Freshness & 로그 관제	최신 신호 관리	dateModified 갱신, FAQ·표 최신화, 사이트맵·피드 수집량·IndexNow 응답코드 모니터링, AI 레퍼러(chatgpt.com, perplexity.ai) 추적
테크니컬 GEO (보조·확장)	Core Web Vitals	사이트 성능 최적화	LCP·CLS·INP 등 UX 지표 개선, AI도 사용자 경험 좋은 사이트를 선호
	llms.txt	AI 안내서	루트(/llms.txt)에 마크다운 파일로 핵심 문서 3~5개 지정(실험적 관행, 아직은 가설)
	Hreflang	다국어·다지역 처리	언어·지역별 페이지를 상호 연결해 엔티티 일관성 확보
	소셜 카드	미리보기 최적화	Open Graph, Twitter Card로 큰 이미지와 요약 제공

MEMO

8장에서 GEO를 위해 SIFT 프레임워크 콘텐츠 전략을 먼저 고려하고, 이후 테크니컬 GEO를 검토하여 적용하며, 생성형 AI별 GEO 전략을 추가로 적용하는 정석적인 방법을 제시했다. 그런데 GEO를 실행하려는 실무 담당자 입장에서는 크게 2가지 어려움이 있을 것이다.

첫째, 너무 많은 이해관계자가 엮여 있을 가능성이 있다.
홈페이지 및 관련 채널 관리와 연결되어 있는 마케팅, PR을 비롯해서 개발과 기획, UX까지 필요하다. 이런 업무를 실무단에서 상향식(BottomUp)으로 진행하기는 가혹한 측면이 있다. 혹시 이 책을 읽으시는 독자가 높은 직책의 관리자라면 GEO를 위해 가능하면 TF로 진행해주시기를 권고드린다.
이런 업무는 하향식(TopDown) 방식이 가장 효과적이기 때문이다.

둘째, 현재 한국 SEO는 네이버향 구조이다. 당장 홈페이지를 비롯해서 관련 채널을 모두 수정하려면 시간과 리소스에 어려움이 발생하는 것은 당연지사다. 또한 네이버향 SEO를 쉽게 포기할 수도 없다.
네이버는 여전히 검색 점유율 50% 후반대를 차지하기 때문이다.

한국의 현실을 고려하여 국내 기업의 실무자를 위한 현실적 우선순위도 제시한다.

09

국내 기업을 위한 현실적 GEO 가이드

국내 기업과 브랜드에 적용하기

초기 우위 선점의 효과

국내 기업과 브랜드에 적용하기

글로벌 SEO에 대한 지식이 어느 정도 있는 분들에게는 8장의 내용이 쉽게 와닿을 것이다. 하지만 국내 실무자에게는 너무 복잡하고 어렵게 느껴질 수 있다.

이 책은 국내 독자들을 위한 실무 지침서인 만큼 최대한 국내 기업과 브랜드의 상황을 고려한 적용 방법을 고민했다. 다양한 이해관계자가 얽혀 있기에 당장 홈페이지를 완전히 개편하는 것은 현실적으로 힘들다는 사실을 잘 알고 있다. 그래서 국내 기업의 조직 구조와 관계자들, 그리고 리소스 등을 고려해서 우선순위를 정리했다.

국내 기업과 브랜드를 위한 현실적 우선순위

1단계: 기초 다지기

- 구글 서치 콘솔(GSC) 등록: 구글 서치 콘솔에 등록하면 여러모로 큰 도움이 된다. 사이트맵(XML) 제출, 인덱싱 오류 확인, 필터링을 통한 AI 질문 후보 추출까지 가능하다. '어떤 질문이 AI에 포함되어야 하는가?'를 정의할 때도 큰 도움이 된다.
- robots.txt 정책 분리: OAI-SearchBot(검색 노출)은 반드시 허용하고, GPTBot(학습봇)은 조직 방침에 따라 선택적으로 설정해야 한다.
- 캐노니컬·Hreflang 적용: 동일·유사 글이 여러 채널에 있을 경우 자사 웹을 정본 URL로 고정하고, 다국어 페이지는 Hreflang으로 연결하는 것이 좋다.

2단계: 콘텐츠 최적화

- 홈페이지 콘텐츠 재구성: 현실적으로 홈페이지 전체 리뉴얼이 쉽지 않지만, 최소한 Structure(구조화)와 Intent(의도)에 맞게 주요 콘텐츠를 재배치한다.
- FAQ·표·핵심 요약 상단 배치: 모든 핵심 글에는 FAQ 5문항, 비교/가격 표 1개, 핵심 요약 3문장을 상단에 배치해 즉답형 콘텐츠로 표준화한다.
- 토픽 클러스터 전략: 하나의 주제(Pillar Page)를 중심으로 하위 주제(Cluster Content)를 내부 링크로 연결하여 특정 분야의 '주제 권위성(Topical Authority)'을 확보해야 한다.

3단계: AI를 위한 기술적 최적화

- 스키마 마크업 적용: FAQ, How-to, Product, Article 스키마를 적극적으로 적용해 AI가 콘텐츠의 맥락을 정확히 이해할 수 있도록 한다.
- 피드 3종 + IndexNow 자동화: RSS·Atom·JSON Feed를 발행하고, IndexNow 프로토콜을 통해 콘텐츠 발행·수정·삭제 시 즉시 검색엔진에 핑(Ping)을 보내는 자동화 시스템은 큰 도움이 된다. <head>에 rel="alternate" 링크를 노출해 최신 정보를 반영한다.
- 의미 기반 내부 링크: 모든 문맥에서 동일한 페이지를 연결하는 대신, 정의·전략·사례 등 의미별로 최적의 페이지를 연결하는 방식으로 내부 링크를 정교화한다.

4단계: 권위성 구축

- 자사 웹 + 티스토리 병행: 국내 관측/사례에 따르면 네이버 블로그는 AI 크롤러 접근이 불리하여 챗GPT 인용이 어렵고, 대안으로 자사 웹과 티스토리, 브런치의 중요성이 커지고 있다(정책은 변동 가능, 주기적 확인 권장).
- Author Bio 공개: 콘텐츠에 저자 정보를 공개하라. 전문가 이름, 경력, 소속, SNS를 콘텐츠에 명시하고 스키마 마크업으로 구조화하면 신뢰도를 크게 높일 수 있다.
- SNS: 링크드인(LinkedIn)을 운영하라. 챗GPT와 제미나이는 링크드인 게시물을 자주 인용한다. 국내에서는 링크드인을 채용 용도 정도로만 쓰지만, 해외에선 기업 블로그 이상으로 권위 있는 플랫폼이다. 가급적 월 2회 이상 업데이트가 필요하고, 대표와 임원의 개인 링크드

인은 기업 링크드인과 연결해두는 것이 좋다.

- 요약·파일명 완전 일치(멀티모달): 유튜브, 슬라이드, PDF, 깃허브까지 동일 제목·요약으로 묶어 엔티티 일관성을 강화하라. 현재 기준으로는 생성형 AI의 답변 인용 방식에서 멀티모달의 중요성이 점점 더 강조되고 있다.

국내 실무자를 위한 테크 GEO 체크리스트

- GSC와 Bing 등록부터: GSC는 구글 SEO와 제미나이의 관문에 가깝다. 챗GPT는 Bing 검색을 참고한다.
- 오버레이 정책 점검: robots.txt, 보안툴(WAF), CDN 규칙 때문에 봇 접근이 막히지 않았는지 분기마다 확인한다.
- 티스토리 RSS: 기본 /rss 제공하며, 전체공개로 두면 AI/검색이 본문을 충분히 읽는다.
- 자사 웹 = 정본, 티스토리 = 요약 허브: 제목 및 요약을 완전히 일치시키고 정본 링크를 상단에 '출처'로 명확히 링크(Hyperlink) 연결한다.
- 네이버 서치 어드바이저 제출: RSS와 사이트맵을 함께 등록하여 재방문을 끌어온다.

초기 우위 선점의 효과

GEO도 초기 선점 효과가 굉장히 큰 영역이다. 다음 장에서 추가로 설명하겠지만, 초기에 GEO를 통해 AI 답변에 채택될수록 사전학습에도 채택될 가능성이 높아진다.

거동이 불편한 노인들을 위한 의류 브랜드인 'Joe & Bella'는 적응형 의류Adaptive Clothes에 대해 홈페이지에 블로그 포스팅과 콘텐츠를 지속적으로 게시했고, 2024년 겨울 쇼핑 시즌에 소비자들의 다양한 질문에 대한 답변으로 브랜드가 인용되기 시작하면서 매출이 급증했다.

한국에서 GEO라는 개념은 이제 막 수면 위로 드러나기 시작했다. AI 질문에 인용될 수 있도록 미리 GEO 전략을 준비하고 적용해둔다면 향후 분명히 경쟁사에 비해 디지털 영향도를 높일 수 있을 것이다. 특히 키워드 광고를 비롯한 소위 퍼포먼스 광고를 통해 홈페이지로의 트래픽 유입을 확보하는 국내 시장의 특성을 고려하면, 마케팅 예산이 넉넉하지 않은 기업과 브랜드도 GEO를 통해 기업과 브랜드를 널리 알릴 수 있는 매우 좋은 기회가 될 것이다.

SEO 시대에는 클릭을 베이스로 하는 검색 노출 순위, 클릭률(CTR), 전환율(CVR)이 명확한 KPI 지표로 자리 잡았다. 하지만 GEO의 시대에 들어서면서 상황은 달라졌다.

사용자가 AI에게 질문하면 검색 결과 화면이 아니라 하나의 답변으로 정보를 제공받는다. 이 과정에서 '우리 브랜드가 얼마나 등장하는가, 어떤 방식으로 인용되는가, 더 나아가 사용자의 행동으로 이어지는가'를 정량화할 필요가 있다.

그래서 GEO의 KPI는 SEO와 다를 수밖에 없다.
문제는 아직 GEO KPI가 표준화되지 않았다는 점이다.
다양한 글로벌 마케팅 기업에서 저마다 KPI 프레임워크를 제안하고 있지만, 업계 전반이 초기 실험 단계에 머물러 있다.

따라서 지금 시점에서의 KPI는 '최종 답'이라기보다 방향성을 보여주는 이정표로 이해해야 한다.

10

GEO와 새로운 KPI

GEO의 핵심 KPI에 다가가는 지표들

GEO의 보조 KPI 지표

GEO의 핵심 KPI에 다가가는 지표들

핵심 KPI가 될 가능성이 높은 지표

다양한 마케팅 기업과 컨설팅 기업에서 여러 가지 KPI를 제시하고 있지만 아직 표준화된 지표는 없다. 아직 GEO 자체도 초기 단계일뿐더러, 마케터들이 GEO KPI에 대해 실제 효과를 검증하고 업계 논의와 합의에 이르기까지는 시간이 좀 더 걸릴 것이라 예상한다. 하지만 많은 전문가와 전문 기업이 제시하는 다양한 KPI 지표 중에서 공통된 지표가 있다. 이 지표들은 논리적 관점에서도 핵심을 다루며, 향후 핵심 KPI 지표로 자리 잡을 가능성이 높다.

1. AI 언급/인용률(Citation Frequency)

- 브랜드가 AI 답변에 얼마나 자주 등장하는지를 측정한다.

- 예: '친환경 여행 추천'이라는 질문을 10번 던졌을 때, 우리 브랜드가 3번 등장했다면 인용률은 30%다.
- SEO의 '검색 상위 노출 빈도'와 비슷한 역할을 하지만, AI가 문장을 직접 만들어내기 때문에 더욱 권위적이다.

2. AI Share of Voice(SOV)

- 경쟁사 대비 우리 브랜드가 AI 답변에서 차지하는 점유율이다.
- 예: 보안 솔루션 관련 100개의 답변 중 A사가 20회, B사가 10회 등장했다면 A사의 AI SOV는 20%다.
- 업계 내 상대적 권위도를 측정할 수 있는 지표로, 시장 포지셔닝 분석에 유용하다.

3. 출처 노출률(Attribution Rate)

- 단순히 언급만 되는 것이 아니라, 브랜드 웹사이트나 문서가 출처 링크로 인용되는 빈도를 뜻한다.
- 예: 50개의 답변 중 15개에 브랜드 링크가 포함됐다면 출처 노출률은 30%다.
- '브랜드 존재감이 행동으로 이어질 가능성'을 보여주는 신호다.

4. 답변 노출 위치(Answer Position)

- 브랜드가 AI 답변의 '어느 위치'에 등장했는지를 측정한다. SEO의 '랭킹(Ranking)'과 유사한 개념이다.
- 예: 첫 문단(Intro)에 '가장 추천하는 솔루션은 A사입니다'라고 등장

하는 것과, 하단(Footer)에 '기타 고려할 브랜드로 B사가 있습니다' 라고 나오는 것은 효과 면에서 큰 차이가 난다.

- 사용자는 답변의 앞부분에 집중하는 경향(초두 효과)이 있으므로, 상단 노출은 인지도와 클릭률(CTR)에 결정적인 영향을 미친다.

5. AI 추천 트래픽 & 품질(Referral Traffic & Quality)

- AI가 제공한 링크를 통해 유입된 트래픽이 얼마나 깊이 관여하는가를 분석한다.
- 세션 시간, 페이지 뷰, 이탈률 등이 대표적인 지표다.
- 예: AI 추천 방문자의 평균 세션 시간이 5분, 페이지 뷰가 3.2라면 이는 고관여 고객군으로 분류할 수 있다.

6. 전환율 & 기여 매출(Conversion & Attributed Revenue)

- 마케팅의 궁극적인 목표라고 할 수 있는 전환율에 대한 트래킹이다.
- 예: 퍼플렉시티 추천을 통해 유입된 사용자가 상담을 신청하고, 2개월 뒤 계약을 체결해 5천만 원의 매출을 발생시켰다면 이는 GEO의 직접적인 성과다.
- 다만 현재는 제로클릭(링크 없이 끝나는 답변)이 많아 정확한 절대 매출보다는 비중·추세 중심으로 해석하는 것이 현실적이다.

핵심 KPI 측정 방식

그렇다면 이런 핵심 KPI는 어떻게 측정할 수 있을까? 업계에서 활용하는 공통적인 방법은 다음과 같다.

1. 언급/인용률 & SOV

AI 모델에 자동화된 프롬프트를 반복적으로 질의하여 답변 내 브랜드 언급 횟수를 기록, 집계한다. 프로파운드Profound와 에이넥트Ainnect 같은 GEO 전용 툴이 여기에 활용된다.

2. 출처 노출률 & 답변 위치

AI 답변에 포함된 링크 유무를 확인하고, 브랜드가 언급된 문단 번호Paragraph Index나 리스트 순서List Order를 분석해 상단 노출 여부를 가중치로 평가한다.

3. AI 추천 트래픽

링크에 UTM 파라미터를 삽입해 GA4, Mixpanel 등 기존 웹 분석 툴로 유입 세션을 구분한다.

4. 전환 & 수익

AI 유입 리드를 CRM(HubSpot, Salesforce)과 연계해 최종 매출까지 추적하거나, 멀티 터치 어트리뷰션MTA을 통해 기여도를 추정한다.

현재 기준으로는, GEO의 핵심 KPI는 SEO처럼 단일 툴에서 자동으로 제공되는 솔루션이 존재하지 않는다. 아마도 머지않아 나올 것으로 예상된다. 현재 핵심 KPI 지표를 측정하기 위해서는 다양한 데이터 소스를 연결한 조합형 추적이 필요하다.

GEO의
보조 KPI 지표

GEO의 보조 및 보완 KPI 지표는 핵심 KPI 지표보다 덜 중요하다는 의미는 아니다. 이 지표를 주장하는 업체의 전략적 배경도 있고, 굉장히 테크니컬하거나 다소 추상적인 지표들이 포함되어 있다. 그래서 해당 KPI 지표를 보조 지표로 소개하며, 참고 정도로만 생각해주길 바란다.

GEO 보조 & 보완 지표(참고용)

1. Embedding Relevance Score / Semantic Relevance

- 정의: AI가 질문-답변 매칭에서 우리 콘텐츠가 의미적으로 얼마나 '적합'한지 평가하는 지표
- 예: '제로트러스트 보안' 질문 시, 우리 백서가 GPT 벡터 DB 상위 5%

에 포함

- 제안 기관: 서치 엔진 랜드, ELCA

2. Vector Index Presence Rate

- 정의: 브랜드 콘텐츠가 AI의 RAG 인덱스나 벡터 데이터베이스에 포함된 비율
- 예: 퍼플렉시티 소스 DB상의 200건 중 30건이 우리 콘텐츠 → 15%
- 제안 기관: 서치 엔진 랜드

3. Prompt Alignment Efficiency

- 정의: 단순 노출을 넘어, 질문의 의도(Intent)와 답변이 얼마나 정확하게 일치하는지 측정
- 예: 'ERP 추천' 질문에 단순히 노출된 것을 넘어, 질문자가 원하는 '가성비' 키워드와 매칭된 비율
- 제안 기관: ELCA

4. Content Freshness Signal

- 정의: AI가 브랜드 콘텐츠의 최신성을 반영하는 정도(업데이트 반영률)
- 예: 2024년 업데이트 기사 10건 중 7건이 AI 답변에 포함
- 제안 기관: O8, Seeders

5. Sentiment in AI Responses

- 정의: AI 답변에서 브랜드가 긍정·중립·부정적으로 언급되는 비율

- 예: 100개 답변 중 긍정 60%, 중립 35%, 부정 5%
- 제안 기관: Seeders, tryseo.de

6. Content Consistency Score

- 정의: 서로 다른 AI 모델이나 세션에서 브랜드 설명이 일관되게 유지되는 정도
- 예: 챗GPT, 제미나이, 퍼플렉시티 모두 동일 USP를 언급
- 제안 기관: Seeders

7. Schema Markup Effectiveness

- 정의: 스키마/메타데이터 적용이 AI 인용·출처 노출에 기여하는 정도
- 예: FAQ Schema 적용 후 AI 답변에서 해당 문장이 직접 인용됨
- 제안 기관: ELCA, Seeders

초거대 LLM 경쟁이 어느 정도 고착화되면서, 빠르게 AI 에이전트 시대로 전환되고 있다. LLM은 언어 모델의 특성상 두뇌(Brain) 역할에 특화되어 있다. 하지만 AI 시대의 사용자들은 AI를 통해 직접적인 행동까지 연결되길 바라며, AI 에이전트가 그 역할을 하게 될 것이다.

오픈AI의 샘 알트먼은 2025년 초, AI 에이전트가 기업 생산성을 근본적으로 바꿀 것이라고 언급했다. 마이크로소프트의 사티아 나델라는 기존 SaaS가 소멸할 수도 있다고 말했다. 구글 I/O 2025에서 순다르 피차이는 검색을 대체할 에이전트 전략을 공개했다. AI 에이전트 시대는 더 이상 추측이 아니라 구체적으로 임박한 현실이다.

그렇다면 GEO는 더 이상 필요 없는 기술인가? 그렇지 않다. AI 에이전트 역시 LLM이라는 두뇌를 기반으로 작동하므로 오히려 더욱 더 중요해질 것이다. GEO의 본질은 변하지 않는다. 어떻게 생성형 AI가 우리의 콘텐츠를 신뢰하고 선택하게 만들 것인가? 앞으로의 핵심도 바로 이 질문이다.

자, 그럼 마지막으로 향후 GEO는 어떻게 변화할지 생각을 나눠보자.

11

GEO의 미래

GEO vs. SEO

GEO가 알려주는 것

GEO의 미래

GEO vs. SEO

GEO와 SEO의 관계를 다시 한번 정리해보자. 아마도 당분간 이어질 논쟁이 될 수도 있다. 왜냐하면 SEO의 산업 규모 자체가 굉장히 크기 때문이다. 전 세계적으로 SEO 시장 규모는 2023년 기준, 약 724억 달러(약 106조 원) 정도로 추산하고 있으며[1], SEO 관련 회사는 수십만 개에 이를 것으로 추정된다.

이런 대규모 산업에 수많은 기업이 맞물려 있기 때문에, 소비자의 검색 패러다임이 변화하는 속도와 기업들의 변화 속도는 사뭇 다를 수 있다.

또한 SEO 전문 기업 입장에서는 GEO와 SEO 간의 유사한 방법론을 두고 '사실 GEO와 SEO는 똑같다'라고 주장하는 경우도 많다. 그래서 GEO 및 SEO에 대해 Q&A 식으로 한번 정리하고 넘어가려 한다.

1. GEO와 SEO는 사실 거의 유사한 방법론이 아닌가?

방법론적으로 매우 유사한 것은 맞다. 다만, 목표가 다르다. SEO는 (대부분) 구글의 검색엔진 상단에 노출시키고 클릭을 유도하는 것이 목표라면, GEO는 생성형 AI별로 기업과 브랜드를 답변에 인용시키는 것이 목표다.

2. GEO 방법론에서 SEO와의 결정적인 차이는 무엇인가?

키워드 전략이 아닌, 질문과 답변 형태의 명확한 문장을 통해 AI 답변에 최대한 많이 인용되도록 만드는 것이다. KPI 또한 달라진다. 앞으로 제로클릭 시대가 가속화될 것이므로, 클릭 중심으로 평가하던 기존 KPI가 GEO 중심의 KPI로 변화된다.

3. 앞으로 SEO는 사라질 것인가?

실제로 2028년에 생성형 AI 사용자 수가 전통적인 검색엔진의 사용자 수를 넘어선다는 전망이 있다. 하지만 SEO는 여전히 시장 규모가 크므로 당분간은 건재할 것으로 예상한다. 다만, 검색엔진과 SEO는 기존과는 다른 역할과 새로운 가치를 찾으며 진화할 것이다. GEO가 SEO의 인프라 위에서 작동하는 구조이므로, SEO가 사라진다기보다는 GEO로 자연스럽게 진화하며 흡수된다는 방향이 합리적인 예측이다.

4. 상황이 더욱 복잡한 한국의 SEO는 어떻게 변화할 것인가?

국내의 SEO는 네이버형 SEO가 지배적이다(물론 네이버 검색 점유율이 50%대까지 떨어졌지만, 여전히 강력하다). 네이버형 SEO의 가장 큰 어려움은, 키워드 광고비를 지불하지 않는 기업과 브랜드의 홈페이지는 주요 키워드 검색 시 네이버 포털 상단에 노출되기가 매우 어렵다는 점이다. 또한 기업 홈페이지 최적화가 네이버 검색 결과 노출 순위에 큰 영향을 주지 못하는 것도 이슈다.

네이버 노출에 어려움을 겪는 기업과 브랜드에게 GEO는 오히려 큰 기회가 될 수 있다. GEO를 적용하면 구글의 SEO 효과도 같이 얻을 수 있으며, GEO를 통해 그동안 도달하지 못했던 잠재 고객에게 다가갈 수 있는 매우 좋은 기회이자 타이밍이다.

다시 한번 정리하자면, GEO와 구글형 SEO가 방법론적으로 매우 유사해 보이는 것은 사실이다. GEO가 SEO의 인프라를 바탕으로 진화하고 확장하는 개념이기 때문이다. 하지만 분명히 다르다. 노출되는 서비스도 다르고, 노출 목표도 다르다. 그리고 무엇보다도 향후 AI 에이전트 시대에 진입하게 되면, 사용자들은 AI를 통해 행동까지 제공받게 된다. AI 에이전트의 두뇌Brain가 생성형 AI를 베이스로 하기 때문에, 이 시점부터는 분명 GEO의 역할이 SEO보다 압도적으로 중요해질 것이다.

AI 에이전트 시대의 이야기는 잠시 뒤로 보내고, 우선 현재 기준으로 SEO와 GEO가 무엇이 다른지 비교하며 이해해보자.

항목	SEO(전통)	GEO
노출 표면	SERP(링크, 스니펫)	AI 답변 속 인용, 카드
핵심 목표	순위↑, CTR↑, 전환↑	인용 수↑, 채택률↑, 정확도↑
구조	H1~H3, 본문, 내부 링크	3문장 요약, 표/FAQ, 청크
배포	사이트맵, 링크 빌딩	피드 3종 + IndexNow + 로봇 허용
신뢰	E-E-A-T, 백링크	근거/각주, sameAs, 정본
KPI	노출, 순위, CTR, 전환	인용 수, SOV, 답변 위치(Position)
리스크	순위 변동	신선도(Freshness) 및 정확성 관리

× NOTE ×

GEO 핵심 지표로 언급한 인용 수(답변에 브랜드가 거론된 빈도), 채택률(의도별 답변에 포함된 비율), 정확도(사실 일치도)에 대한 수집 방법은 기술 및 플랫폼에 따라 달라질 수 있으므로, 본문에서는 '정의와 해석 원칙'만 제시한다.

GEO의 두 축

우리가 개념적으로 짚고 넘어갈 부분이 하나 있다. GEO에는 두 가지 축이 있다는 사실이다. 이 부분은 현재 전략적으로 구분하고 접근하기보다는 개념적으로만 이해하면 좋을 것 같다(사실 Fine-Tuning이라는 하나의 축이 더 있지만, 이 부분은 현재 GEO에서는 덜 강조되므로 제외하겠다).

챗GPT의 GPT는 Generative Pre-trained Transformer의 약자이다. 즉, 특정 시점을 기준으로 사전학습되어 있는 버전이라는 뜻이다. 챗GPT는 사전학습된 모델을 베이스로 하되, 그라운딩(대표적인 기술로 RAG)을 활용하여 최신 정보를 검색 · 반영하여 답변을 만든다. 사전학습Pre-Trained과 그라운딩Grounding, 이것이 GEO의 두 축이다.

사전학습에 포함된다는 것은 차기 모델의 '기본 지식(코퍼스)'에 기업과 브랜드가 포함된다는 뜻이다. 쉽게 설명하면 2025년 8월 출시된 챗GPT5에는 2024년 6월까지의 내용이 사전지식으로 학습되어 있다. 현재로서는 생성형 AI가 지속적이고 안정적으로 답변에 인용하는 기업과 브랜드를 사전학습에서도 반영할 가능성이 높은 것으로 추정하고 있다.

그라운딩에 포함된다는 것은 지금 이 순간, AI가 웹을 비롯하여 외부 정보를 검색 · 인용할 때 기업과 브랜드가 잘 인용된다는 개념이다. 쉽게 설명하면 챗GPT는 사전학습 정보 외에, 사용자 질문에 대한 답변에 최신 정보를 반영하기 위해 그라운딩을 적용한다. 그라운딩이라는 개념은 RAG, Dynamic Grounding 등의 다양한 기술적 구현 방식을 사용하여 웹을 비롯한 API 호출, 데이터베이스 질의, 사내 지식 베이스 등의 확장된 지식을 검색한다.

인터넷에 있는 정보들이 시시각각으로 변화하기 때문에 생성형 AI는 특정 일자를 지정해놓고 사전학습을 시킨다. 그리고 그라운딩의 대표 기술인 RAG 등을 통해 최신 정보를 검색하여 최종적으로 사전학습 데이터와 최신 데이터를 합쳐서 사용자의 질문에 답변한다.

현재는 사전학습과 RAG를 구별해서 전략을 수립하기보다는 개념의 구분 정도로 이해하는 것을 추천한다.

향후 AI 에이전트 시대에 들어서면 사전학습에서 기업과 브랜드가 인용되는 것이 더 중요해질 수도 있다. 사전학습 LLM만 베이스로 삼고, RAG를 비롯한 그라운딩(최신 정보 반영)의 역할을 AI 에이전트가 담당하는 경우를 가정해보자. 사전학습에 기업과 브랜드가 포함되는 GEO가 상대적으로 더 유리할 수 있다.

사전학습 버전은 현재 생성형 AI별로 수개월에서 1년 단위로 불규칙하게 업데이트되고 있다. 생성형 AI의 답변에 안정적이고 꾸준하게 인용된다면 사전학습에도 포함될 가능성이 높으므로, GEO를 시작하는 것이 향후 AI 에이전트 시대를 대비하는 좋은 전략이 될 것이다.

GEO가 알려주는 것

지금까지 어떻게 해야 AI가 자사의 브랜드를 선택할지에 대해 이야기했다. 생성형 AI가 신뢰할 수 있는 콘텐츠를 만들고, 생성형 AI가 잘 읽을 수 있도록 콘텐츠를 구조화하고, 기술적 방법들을 통해 기업과 브랜드가 AI의 답변에 최대한 많이 포함되고 인용되게 하는 것이 GEO의 핵심이다.

여기에서 조금 더 깊게 들어가보자. GEO가 지향하는 방향을 보면 기업과 브랜드 입장에서 향후 어떻게 대응해야 할지 참고할 만한 인사이트들이 있다.

핵심은 신뢰도 높은 콘텐츠

생성형 AI 서비스들이 답변을 선택하는 기본 원칙은 구글의 검색엔진에서 강조하고 있는 E-E-A-T(Experience, Expertise, Authoritativeness, Trustworthiness: 경험, 전문성, 권위, 신뢰성)에서 크게 벗어나지 않는다. AI는 양질의 답변을 제공하기 위해 정보 소스의 신뢰도를 평가한다. 그 과정에서 우선 관련성Relevance을 찾고, 관련성에 대한 권위Authoritativeness를 통해 정보 소스의 신뢰도를 판단한다(판단하는 방법론에 대해서는 6장을 참고하자).

× NOTE ×

권위(Authoritativeness)는 특정 분야에서 출처가 얼마나 권위 있고 공신력 있는지를 평가하는 항목이다. 평판(Reputation)은 그 권위성을 뒷받침하거나 강화하는 외부 신호(언론, 리뷰, 커뮤니티 여론 등)의 의미로 사용된다. 이 두 단어는 매우 유사하고 긴밀하게 연결되어 있으며 종종 혼용해서 사용하기도 한다.

SEO 기법에서는 정보 소스의 신뢰도를 판단하는 방법으로 백링크(Backlink)가 큰 역할을 했다. 백링크가 얼마나 많이 연결되어 있는지가 SEO 기법에서 '신뢰'를 얻는 주요한 방법이었다. 하지만 생성형 AI는 백링크와 더불어 외부에서 '브랜드'와 관련해서 언급되는 것도 권위 있다고 판단하며 신뢰도가 높다고 평가한다.

이 이야기를 분해해보면, 외부에서 당신의 브랜드가 다양한 방식으로 많이 언급되어야 한다는 의미이다. 가벼운 예시를 들어보겠다.

PR 기사

일반적으로 PR 기사는 노출량 관점에서는 의미성이 극히 부족하다. 하지만 기본적으로 생성형 AI는 잘못된 답변 제공을 방지하기 위해 신뢰도가 높은 사이트를 많이 인용한다(이를 Seed Sites라고도 한다). 검색 상단이 아닌 웹 전체를 크롤링하는 생성형 AI 입장에서 브랜드가 PR 기사에 노출된다는 것은 해당 브랜드를 신뢰할 수 있다는 강한 신호다.

소스 마그넷 콘텐츠(Source Magnet Contents)

소스 마그넷 콘텐츠는 외부에서 인용할 수 있는 독창적인 자체 콘텐츠를 말하며, '원본 출처'라고도 할 수 있다. 자체 연구, 설문조사, 데이터가 풍부한 블로그 등의 콘텐츠가 이에 해당한다. 자사 브랜드에서 외부의 전문가나 언론, 블로거들이 많이 인용할 수 있는 콘텐츠를 생성한다면 '소스 마그넷 콘텐츠'를 생성하는 것이다. 외부에서 자사 콘텐츠를 많이 인용할수록 해당 브랜드를 신뢰할 수 있다는 강한 신호다.

리더의 인지도 강화

과거에는 대표 혹은 경영진이 언론이나 외부에 드러나는 일이 드물었고 특정 행사에 참석하거나 사진만 찍는 등 다소 은둔자에 가까웠다.

하지만 외부에서 자사 브랜드의 신뢰도를 평가함에 있어 기업을 대표하는 리더의 인지도, 미디어 출연, 외부 인용 등도 큰 영향을 미친다. 이는 단순히 유명세의 문제가 아니다. GEO 관점에서는 '리더(인물)'라는 엔티티Entity의 권위가 '기업(조직)' 엔티티로 전이Transfer되어 브랜드 전체의 신뢰도를 견인하기 때문이다. 기업 대표가 언론 노출을 꺼린다면, 기업 내 다른 리더를 내세워서라도 브랜드의 전문성과 신뢰도를 확보할 필요가 있다.

이제 브랜드가 왕이다

GEO의 가장 큰 특징이자, GEO KPI와의 공통점은 바로 클릭과 무관한 KPI를 지향한다는 사실이다. 이것은 단순히 트래픽 유실의 문제가 아니라 다른 차원의 고민을 시작하는 지점이 된다.

자, 클릭이 없다는 사실을 분해해서 생각해보자.

사용자들은 점점 더 생성형 AI의 답변을 신뢰하고, 더 이상 클릭하지 않는다. 이 경우 AI에 브랜드가 인용되는 것이 중요하지만, 그보다 더 중요한 것은 브랜드가 AI의 답변에 어떤 식으로 인용되고 설명되는가이다. AI가 어떻게 답변하느냐에 따라 사람들의 인식에서 '브랜드의 이미지'가 결판날 수도 있다는 의미다.

그러므로 브랜드의 긍정적인 신뢰도를 확보하기 위해 전문성 외에도 법적 · 윤리적 책임 및 리스크 관리도 중요하다. '콘텐츠 + PR + 법적 · 윤리적 책임 + 리스크 관리'를 병행할 수 있는 조직 체계를 갖추는 것도 좋다.

GEO의 미래

어느 새 우리는 질문하는 검색 방식에 익숙해져가고 있다.

'서울에서 주말에 갈 만한 가족 여행지를 추천해줘.'

'민감성 피부에 맞는 클린 스킨케어는 무엇일까?'

'이번 달 생활비를 아끼려면 어디서 장을 보는 게 좋을까?'

예전 같으면 수십 개의 링크를 클릭하고, 블로그를 넘기고, 광고와 후기 사이에서 답을 찾아야 했다. 하지만 이제는 한 줄의 질문으로 끝난다. 생성형 AI가 대신 탐색하고, 요약하고, 추천까지 내놓기 때문이다. 검색에서 대화로의 전환, 이것이 바로 GEO가 등장한 배경이다.

그러나 여기서 끝이 아니다. 이 흐름은 곧 '행동의 자동화'로 이어진다. 오픈AI의 샘 알트먼과 구글의 순다르 피차이가 언급한 AI 에이전트 시대는 생각보다 더 구체적이고 가까운 미래의 이야기다. 검색을 넘어 사용자의 일정을 잡아주고, 물건을 대신 구매하며, 계약을 관리하는 AI. 이때 중요한 것은 단 하나다. 그 AI의 대화 속에서 우리 브랜드가 선택되었는가?

GEO의 본질

SEO가 클릭을 위한 싸움이었다면, GEO는 선택을 위한 싸움이다. SEO가 순위를 경쟁했다면, GEO는 신뢰를 경쟁한다. 그리고 AI 에이전트 시대에 이르러 GEO는 단순한 마케팅 수단을 넘어 소비자 행동을 직접적으로 결정하는 마지막 관문이 된다.

SEO는 거대한 산업 규모에 힘입어 당분간은 여전히 건재할 것이다. 그러나 사용자의 질문에 따른 답변과 행동까지, AI가 주도하는 세계에서 SEO는 결국 GEO로 흡수되고 재편될 수밖에 없다. 클릭을 위한 최적화가 AI의 인용과 추천을 위한 최적화로 전환되는 것이다.

AI 에이전트 시대의 GEO

AI 에이전트 시대에 들어서면 GEO의 중요성은 더욱 더 높아질 것이다. 사용자들이 생산성과 검색 등을 AI 에이전트에 점점 더 많이 위임하는 구조로 전환되어 앞으로 AI 에이전트가 채택하는 답변에 기업의 브랜드가 포함되느냐의 여부는 기업의 생사와도 직결될 것이다. 기업과 브랜드가 GEO를 시작하지 않는다는 것은 단순히 시의성을 놓친다는 의미가 아니다. GEO는 기업의 생존을 위해 지금 당장 대응해야 하는 필수 조건에 가깝다.

국내 기업과 브랜드의 새로운 기회

한국의 디지털 마케팅 환경은 오래도록 네이버 중심의 폐쇄적인 검색 생태계와 광고 의존적 구조에 묶여 있었다. 주요 키워드 상위 노출은 마케팅 예산과 네이버 포털 친화적 구조를 가진 기업들의 차지였고, 마케팅 예산이 부족하거나 신생 브랜드의 기업들은 아무리 정성껏 홈페이지를 최적화해도 경쟁에서 이기기 쉽지 않은 구조였다. 즉, 광고비를 지불하지 않으면 소비자 앞에 설 기회조차 얻기 어려웠다.

그러나 GEO는 이 판을 완전히 새롭게 뒤집을 수 있는 기회다. 생성형 AI는 광고비 지출 여부나 네이버 포털의 내부 알고리즘에 휘둘리지 않는다. 질문과 답변의 맥락 속에서 신뢰할 수 있는 콘텐츠를 선택한다. 구조화된 설명, 일관된 데이터, 투명한 출처를 갖춘다면 규모가 작은 브랜드라도 AI의 답변 속에 등장할 수 있다. 특히 국내 기업에게 GEO는 절호의 기회이며, 그 이유는 다음과 같다.

첫째, 네이버 중심의 제한적 구조에서 벗어나 구글 SEO와 GEO 효과를 동시에 확보할 수 있다.

둘째, 그동안 닿지 못했던 글로벌 고객에게 브랜드를 노출시킬 수 있다. AI는 콘텐츠의 국경을 가리지 않고 답변에 인용하기 때문이다.

셋째, 아직 국내에는 GEO에 본격적으로 대응하는 기업이 많지 않다. 빠르게 움직이는 기업이 시장을 선점할 수 있는 '기회의 창Window of Opportunity'이 활짝 열려 있다.

정리하자면 GEO는 한국 기업들에게 단순한 대체 전략이 아니라, 그동안 닫혀 있던 문을 열어젖히는 새로운 성장의 열쇠이다. 지금이야말로 빠르게 대응하는 기업이 우위를 선점할 수 있는 때다.

GEO의 미래 - 신뢰의 확장

현재 GEO를 관통하는 가장 중요한 단어는 바로 '신뢰'이다. 모든 생성형 AI 서비스들은 신뢰할 수 있는 콘텐츠를 선택하기 위해 엄청난 리소스를 사용하고 있다. 이뿐 아니라 구글 검색엔진도 신뢰도 높은 콘텐츠가 상위에 노출되는 방향으로 개발되고 있다.

하지만 오늘날 생성형 AI가 '신뢰'를 판단하는 기준은 매우 기계적이고 단순해 보이기까지 한다. 구조화된 문장, 일관된 데이터, 검증 가능한 출처, 빠른 갱신 속도 같은 기술적 지표들이다. 이 신호들은 기계에게는 안전하다. 그러나 인간 사회에서 신뢰란 단순히 '맞는 정보'만으로는 만들어지지 않는다. 우리는 누군가의 말을 믿을 때 그 말의 정확성뿐 아니라 맥락과 의도, 그리고 사람들 사이에서 형성되는 공감대까지 함께 고려한다.

예를 들어 '지금 가장 인기 있는 마스카라 화장품은 무엇인가?'라는 질문을 떠올려보자. AI는 아마도 판매량, 별점, 리뷰 수를 근거로 답을 내놓을 것이다. 하지만 정말 중요한 것은 판매량 자체가 아니라 사람들이 왜 그 제품을 쓰고, 어떤 이야기를 공유하고 있는가이다. SNS에서 밈처럼 확산되는 영상, 주요 커뮤니티의 열띤 대화, 친구끼리 주고받는 체험담을 통해 우리는 '이 브랜드가 지금 신뢰받고 있구나'를 체감한다. 신뢰는 데이터에서 시작되지만, 사람들의 마음이 모이는 자리에서 완성된다.

AI 에이전트의 시대가 열리면 이 신뢰는 한층 더 무거워진다. 답변은 곧 행동으로 이어지고, 추천은 곧 실행이 된다. '그 제품을 장바구니에 담아줄까?'라는 한 마디 뒤에는, 행동의 결과와 경험이 따라붙는다. 그리고 '그 결과가 만족스러웠는가'가 다시 신뢰를 평가한다. 결국 신뢰는 '정확성의 신뢰 → 공감의 신뢰 → 결과의 신뢰'라는 루프 형태로 확장된다. 이 지점에서 신뢰가 세 가지 축으로 확장될 것임을 짚을 수 있다.

- 사실성(Factual Trust): 교차 검증된 데이터, 다중 출처, 일관된 근거. 신뢰의 최소 조건
- 사회적 공감(Social Trust): 커뮤니티 대화, 밈, 여론의 흐름 속에서 드러나는 공감의 힘. 신뢰의 새로운 지표
- 행동 결과(Outcome Trust): 추천이 실행으로 이어진 뒤, 그 결과가 긍정적 경험으로 남았는가. 신뢰의 완성 단계

그렇다면 생성형 AI 서비스 입장에서 고민은 더 깊어진다. 어떻게 하면 더 신뢰할 수 있는 정보를, 더 많은 맥락에서 제공할 수 있을까? 이 질문에 답하지 못하면 사용자는 금세 등을 돌릴 것이다. 우리는 검색에서 '클릭'을, 대화에서 '답변'을, 그리고 곧 행동에서 '실행'을 AI에게 위임한다. 그만큼 잘못된 추천이나 불만족스러운 경험은 곧장 서비스 전체의 신뢰 상실로 이어진다.

결국 브랜드가 던져야 할 질문도 이와 맞닿아 있다.

- 우리는 팩트와 데이터의 신뢰성을 충분히 갖추었는가?
- 우리는 사람들의 대화와 공감의 장을 만들고 있는가?
- 우리는 AI 추천 이후의 경험까지 책임질 준비가 되어 있는가?

검색의 시대가 저물고, 이미 대화의 시대가 시작되었으며, 곧 행동의 시대가 열린다. 마지막에 남는 것은 클릭도, 알고리즘도 아니다. 고객의 마음을 얻는 기업과 브랜드만이 AI를 통해 또 다른 고객을 만날 것이다. GEO는 기술이 아니라 본질로의 회귀다. AI라는 가장 까다로운 고객을 설득하는 힘은, 결국 인간을 향한 진심에서 나온다.

부록 1

SEO & GEO 실전 체크리스트

당신이 어제 밤새워 쓴 콘텐츠는 내일이면 아무도 읽지 않을 수 있다. 이유는 간단하다. 사용자의 시선이 검색창에서 AI 대화창으로 이동했기 때문이다. 따라서 우리는 SEO로 트래픽을 확보하는 동시에, GEO를 통해 AI의 답변 속에 인용되도록 준비해야 한다. 앞으로 소개할 체크리스트는 단순한 개요가 아니라 실전용이며 우선순위에 따라 필수, 권장, 고급으로 구분했다.

PART 1. SEO 체크리스트(Search Engine Optimization)

- 검색엔진이 '이해·평가·색인'할 수 있는 기본 상태 만들기

온페이지 SEO(On-Page SEO)

☐ **[필수]** 타이틀(Title) 최적화: 페이지 주제를 가장 앞에 배치, 과장 금지(본문과 일치)

☐ **[필수]** 메타 설명(Description): '이 페이지가 해결하는 문제'를 1~2문장으로 요약

☐ **[필수]** H1 태그 단일 사용: 문서의 핵심 주제를 한 문장으로 선언(페이지당 1개)

☐ **[권장]** H2~H3 계층 구조화: 소제목만 훑어봐도 논리 흐름이 보이도록 구성

☐ **[권장]** 내부 링크 구조: 상·하위 가이드나 관련 글로 연결(고립된 페이지 제거)

☐ **[권장]** 이미지 Alt 텍스트: 이미지가 '무엇인지' 설명(억지 키워드 삽입 금지)

☐ **[고급]** FAQ 섹션: 자주 묻는 질문 5~8개를 Q→A로 정리

오프페이지 SEO(Off-Page SEO)

☐ **[필수]** 고품질 백링크 확보: 업계 매체·기관·전문가 등 신뢰 도메인 중심

☐ **[필수]** 브랜드 언급 관리: 링크가 없더라도 '언급' 자체가 신뢰 신호가 될 수 있음

☐ **[권장]** 소셜 확산: 단순 공유가 아니라 해설/후기/케이스 형태로 노출 유도

☐ **[고급]** 데이터형 PR: 숫자·검증·사례가 남는 기사/리포트/인터뷰로 축적

테크니컬 SEO(Technical SEO)

☐ **[필수]** 색인/크롤링 방해 제거: robots.txt, noindex, 로그인 장벽, 봇 차단(WAF) 점검

☐ **[필수]** sitemap.xml 최신 유지: 중요 페이지 누락 방지(자동 갱신 권장)

☐ **[필수]** HTTPS 전면 적용

☐ **[권장]** Core Web Vitals 개선: LCP/CLS/INP 병목 Top3부터 해결(완벽보다 개선)

☐ **[권장]** 모바일 퍼스트 가독성: 모바일에서 글자/여백/버튼 터치 영역 적정성 확인

☐ **[고급]** 다국어/다지역 Hreflang: 해당되는 경우에만 적용(오적용 시 역효과)

신뢰성 & 콘텐츠(Trust & Content)

☐ **[필수]** 저자/운영 주체 표시: 회사/개인/소속/역할/연락처 명확히 표기

☐ **[필수]** 근거/출처 링크: 수치·주장은 검증 가능한 근거(공식 문서·통계)로 뒷받침

☐ **[필수]** 최신성 표시: dateModified 또는 '마지막 업데이트' 날짜 명시 및 주기적 갱신

☐ **[고급]** 구조화 데이터(Organization/Person): 저자·조직 정보를 스키마 마크업으로 제공

PART 2. GEO 체크리스트(Generative Engine Optimization)

- AI가 답변을 '생성'할 때, 내 콘텐츠를 '근거로 채택'하게 만드는 최적화 전략

질문 설계(Question Design) — Intent 고정

☐ **[필수]** 목표 질문 선정: 사용자의 언어 그대로(추천/비교/후기/가격/장단점/사용법 등)

☐ **[필수]** 질문별 '승리 문장' 1개 정의: AI 답변에 반드시 들어가야 할 결정적 한 줄(정의/차별점/기준)

☐ **[권장]** 경쟁 질문 포함: 'A vs. B', 'A 대체재', 'B 단점' 등 선택의 순간 공략

☐ **[권장]** 질문–콘텐츠 1:1 매칭: 하나의 질문에는 하나의 대표 답변 페이지만 존재하도록 고정

콘텐츠(Content) — SIFT 프레임워크

- 구조가 읽히고(S), 의도에 맞고(I), 근거가 있고(F), 책임이 보이면(T) 채택된다.

S — Structure(구조)

☐ **[필수]** 두괄식 요약(TL;DR): 답부터 2~3문장 → 그다음 근거/예외(서론 최소화)

☐ **[필수]** Q→A 고정 포맷: H2에 질문, 바로 아래 3~6문장으로 핵심 답변

☐ **[권장]** 비교/추천은 표(Table)로: 기준 4~6개(대상/상황/장점/주의/선택) 포함

I — Intent(의도)

☐ **[필수]** 질문 의도 일치: 정보형/비교형/구매형/문제해결형 중 하나로 수렴

☐ **[권장]** 선택 기준 명시: '이런 경우에는 A, 저런 경우에는 B' 판단 기준을 문장으로 고정

F — Fidelity(정확성)

☐ **[필수]** 근거 2개 이상: 숫자, 공식 문서, 검증 사례 등 출처가 붙을 수 있는 문장 포함

☐ **[권장]** 단정 대신 조건: 범위/예외/주의사항을 명시해 환각 여지 축소

T — Trust(신뢰)

☐ **[필수]** 책임 주체 표시: 저자/조직/역할 및 게시·업데이트 날짜 명확화

☐ **[권장]** 단점/주의 먼저: 제약을 먼저 말할수록 신뢰도는 높아짐

테크니컬(Technical) — AI 가독성 확보

☐ **[필수]** 접근 가능성: robots.txt 차단, noindex, 로그인 장벽 제거가 최우선

☐ **[필수]** 메타·본문 일치: Title/Description이 본문 핵심과 일치하는지 점검

☐ **[필수]** 구조화 데이터 필수 세트: Article + Organization/Person + FAQ(해당 시)

☐ **[권장]** 내부 링크 클러스터: 관련 질문·답변 페이지끼리 상호 연결

☐ **[고급]** 실험 옵션: llms.txt 등은 '가점' 영역

Authority(외부 신호) — 사회적 합의 증명

- SEO의 오프페이지가 '링크'라면, GEO의 Authority는 'AI가 참고할 사회적 합의'다.

☐ **[필수]** 링크 가능한 외부 근거: 케이스 스터디/리포트/발표자료처럼 외부에 남는 자료 배포

☐ **[필수]** 신뢰 출처의 언급: 업계 매체·기관·전문가 채널에서 반복적으로 언급되도록 설계

☐ **[권장]** 엔티티 일치: 한글/영문/약칭/대표자/주소/소개 문구를 전 채널에서 통일

☐ **[고급]** 데이터형 PR: 인용 가능한 숫자와 방법론이 담긴 보도 자료/콘텐츠 배포

피드백 루프(Feedback Loop) — with Ainnect

- GEO는 '한 번'이 아니라 '운영'이다.

☐ **[필수]** 목표 질문 정기 측정: 주 1회 또는 격주로 동일 질문의 답변 추세 확인

☐ **[필수]** 3가지 기록: (1) 언급 여부, (2) 출처 채택 여부, (3) 답변 내 위치/비중

☐ **[필수]** A/B 테스트: 한 번에 하나씩만 개선(구조/의도/근거/신뢰/외부신호 중 택 1) 후 재측정

☐ **[권장]** 승리 포맷 템플릿화: 채택된 구조를 복제해 다른 질문군으로 확장

☐ **[고급]** Ainnect 활용: GEO 진단 솔루션인 Ainnect를 활용하여 자사·경쟁사 AI 점유율(Share of Answer) 추이 및 급변 알림 모니터링

PART 3. 국내 시장 특별 전략 (구글 × 네이버 × 한국형 GEO)

구글(SEO & GEO 공통)

☐ **[필수]** 색인/접근성 최우선: Search Console에서 '색인 실패' 오류부터 제거

☐ **[필수]** E-E-A-T 가시화: 누가/어떤 근거로/언제 썼는지 상·하단에서 즉시 확인 가능하게 하기

☐ **[권장]** 용어 병기: 전문 용어는 초기에 '한글(영문/약어)'로 1회 정의 후 한 가지로 통일

☐ **[권장]** 비교/추천 강화: 표(Table) + 선택 기준(페르소나별 추천) 포함

☐ **[권장]** 브랜드 검색 결과 정비: 지식 패널/공식 사이트/SNS가 일관되게 노출되도록 정리

네이버(국내 트래픽 현실)

☐ **[필수]** 서치 어드바이저 세팅: 네이버 봇 수집 및 노출 기반 확보

☐ **[필수]** 블로그 및 카페 탭 콘텐츠 병행: 후기/비교/체험기 중심(특히 Q&A 구조가 유리)

☐ **[필수]** 채널 정보 통일: 소개글/명칭/연락처/주소가 네이버 내 채널에서 동일해야 함

☐ **[권장]** 커뮤니티 신뢰 신호: 실제 사용 맥락이 담긴 콘텐츠를 카페/블로그에서 축적

한국형 GEO(한국어 질문 패턴)

☐ **[필수]** 질문 템플릿 고정: 추천/비교/가격/순위/주의사항 등 실제 패턴 그대로 사용

☐ **[필수]** 결론 먼저 구조(두괄식): 첫 문단에 답 → 이후 이유/근거(한국 사용자·AI 모두에 유리)

☐ **[필수]** 브랜드 표기 통일: 한글명/영문명/약칭을 정의하고 전 채널 통일

☐ **[권장]** '근거가 남는' 글쓰기: 재인용 가능한 숫자/정의/기준표 중심으로 작성

☐ **[고급]** Ainnect 활용: '어떤 한국어 질문군에서 우리가 채택되는가'를 운영 지표로 관리

부록 2

SEO & GEO
필수 용어집

SEO 핵심 용어

온페이지 SEO(On-Page SEO)

- **정의**: 웹사이트 내부에서 진행하는 최적화 작업
- **설명**: 검색엔진이 페이지 주제를 명확히 이해할 수 있도록 헤딩 태그(H1~H3), 메타태그, 키워드 배치, 내부 링크 구조 등을 관리한다. 온페이지 SEO는 모든 검색 노출 전략의 기본이 된다.
- **예**: 블로그 글 제목을 <h1> 태그로 설정하고, 본문 첫 문단에 'GEO 최적화' 키워드를 자연스럽게 포함한다.
- **[GEO 관점]** 잘 정리된 온페이지 SEO는 AI가 콘텐츠의 구조와 핵심 주제를 파악하는 첫 번째 단서가 된다. AI는 제목 태그를 통해 글의 계층 구조를 이해하고, 메타데이터를 통해 전체 내용을 요약하며, 이를 통해 더 정확하고 신뢰도 높은 답변을 생성할 수 있다.

오프페이지 SEO(Off-Page SEO)

- **정의**: 웹사이트 외부에서 신뢰도를 높이는 최적화 활동
- **설명**: 다른 사이트로부터 받는 백링크, 언론 보도, 소셜 언급 등이 대표적이다. 검색엔진은 외부의 '추천' 신호를 중요한 신뢰 기준으로 삼는다.
- **예**: IT 전문 매체 기사에서 내 회사 웹사이트를 링크해주는 경우
- **[GEO 관점]** AI 모델에게 오프페이지 신호는 콘텐츠의 사회적 합의(Social Consensus)이자 권위의 증거이다. 수많은 전문가와 언론이 인용하는 콘텐츠라면 AI 역시 '이 정보는 신뢰할 만하다'라고 판단하여 답변의 핵심 근거로 활용할 가능성이 매우 높아진다.

메타데이터(Metadata)

- **정의**: 웹페이지의 제목, 설명 같은 요약 정보

- **설명**: 검색엔진과 AI 크롤러는 페이지를 읽을 때 메타데이터를 먼저 참고한다. 정확하고 매력적인 메타데이터는 클릭률을 높이고 AI 인용 가능성도 개선한다.
- **예**: <meta name="description" content="AI 시대 최적화 전략, 제로클릭 시대를 대비한 GEO 가이드">
- **[GEO 관점]** 메타데이터는 AI에게 '이 페이지는 이런 내용을 담고 있습니다'라고 알려주는 명함과 같다. AI는 이 명함을 보고 해당 페이지가 사용자의 질문과 관련이 있는지 빠르게 판단하며, 잘 작성된 설명(description)은 AI 답변의 요약문으로 그대로 인용되기도 한다.

슬러그(Slug)

- **정의**: URL 마지막에 들어가는 페이지 식별 단어
- **설명**: 의미가 명확하고 간단해야 검색엔진과 AI가 페이지 주제를 올바르게 이해할 수 있다. 불필요하게 길거나 난해한 슬러그는 불리하다.
- **예**: www.domain.com/GEO-glossary
- **[GEO 관점]** 명확한 슬러그는 AI가 콘텐츠의 주제를 파악하는 데 도움을 주는 URL 레벨의 핵심 키워드이다. AI는 웹페이지의 모든 요소를 분석하며, 잘 설계된 슬러그는 콘텐츠의 전문성을 강화하는 작은 신호가 된다.

SERP(Search Engine Results Page)

- **정의**: 사용자가 검색어를 입력했을 때 표시되는 결과 페이지
- **설명**: 전통적인 SEO의 핵심 무대지만, 이제는 SERP 바깥의 AI 답변 영역까지 고려해야 한다. AI에 인용되지 못하면 SERP 상위 노출만으로는 충분한 효과를 얻기 어렵다.
- **예**: 구글에서 'GEO 최적화' 검색 시 표시되는 10개의 결과 목록
- **[GEO 관점]** SERP는 이제 AI에게 '어떤 정보가 중요한가'를 알려주는 학습 데이

터가 된다. AI는 상위에 노출된 페이지들을 중요하다고 판단하고 근거 선택, 검색 기반 답변으로 우선 활용하는 경향이 있다. 즉, SERP 상위 노출은 AI 인용을 위한 첫 번째 관문이 된다.

스니펫(Snippet), 피처드 스니펫(Featured Snippet)

- **정의**: 검색 결과 페이지에 표시되는 요약 정보
- **설명**: 피처드 스니펫은 최상단에 박스 형태로 나타나는 '추천 답변'으로, 클릭률이 높을 뿐 아니라 AI 모델이 답변에 활용하는 대표적인 원천 데이터다.
- **예**: 'GEO 뜻'을 검색했을 때 상단에 바로 뜨는 짧은 정의 박스
- **[GEO 관점]** 피처드 스니펫은 AI 답변의 '예고편'이라고 할 수 있다. 이 영역을 차지하는 것은 구글이라는 거대한 AI로부터 이미 '이 질문에 대한 최고의 답변'이라고 인정받았다는 의미이며, 다른 생성형 AI 모델들이 이 정보를 그대로 인용하거나 참고할 확률이 매우 높다.

PAA(People Also Ask, 관련 질문)

- **정의**: 구글이 자동으로 생성하는 연관 질문·답변 영역
- **설명**: FAQ와 유사한 구조로 콘텐츠를 작성하면 AI가 인용하기 좋은 형태가 된다. 이는 검색엔진뿐 아니라 생성형 AI 답변에도 그대로 활용된다.
- **예**: 'GEO 최적화는 SEO와 무엇이 다른가요?'라는 질문을 블로그 FAQ에 포함하면 퍼플렉시티가 답변에 활용할 수 있다.
- **[GEO 관점]** PAA는 AI가 생각하는 '사용자의 추가적인 궁금증' 목록이다. 이 질문들에 대해 내 콘텐츠가 명확한 답변을 제공한다면, AI는 '이 웹사이트는 사용자의 다양한 의도를 깊이 있게 이해하고 있다'고 판단하여 신뢰도를 높게 평가한다.

엔티티(Entity)

- **정의**: 사람, 장소, 사물 등 AI가 인식하고 구분하는 고유한 개념 단위
- **설명**: 지식 그래프를 구성하는 기본 요소다. AI가 '애플'을 단순한 과일이 아닌 'Apple Inc.'라는 특정 기업으로 이해하는 것은 '애플'을 고유한 엔티티로 인식했기 때문이다. 엔티티는 개념 간의 관계를 형성하여 AI의 이해도를 높인다.
- **예**: 구글에서 '애플'을 검색했을 때, 과일이 아닌 'Apple Inc.'라는 기업 정보가 담긴 지식 패널이 표시되는 것
- **[GEO 관점]** 내 브랜드, 제품, 저자 정보를 명확한 엔티티로 AI에게 각인시키는 것이 GEO의 핵심 목표 중 하나이다. AI가 내 브랜드를 하나의 고유하고 신뢰할 수 있는 개념으로 인식하면, 관련 질문에 대한 답변의 기준으로 삼을 가능성이 커진다.

지식 패널(Knowledge Panel)

- **정의**: 구글이 브랜드, 인물, 제품 등의 정보를 종합해 카드 형태로 보여주는 영역
- **설명**: 검색자에게 신뢰도 높은 정보를 제공하는 동시에 AI 모델이 엔티티를 안정적으로 인식하는 데 중요한 역할을 한다.
- **예**: 구글에서 '손흥민' 검색 시 우측에 뜨는 선수 프로필 카드
- **[GEO 관점]** 지식 패널은 AI의 뇌 속에 있는 '개념 사전'과 같다. 내 브랜드나 이름이 이 사전에 정확하게 등재되어 있다면, AI는 관련 질문에 대해 답변할 때 나를 '신뢰할 수 있는 정보 출처'로 인식하고 우선적으로 참고하게 된다.

지식 그래프(Knowledge Graph)

- **정의**: 구글이 구축한 엔티티 기반 관계형 데이터베이스
- **설명**: 엔티티 간 연결과 맥락을 이해하게 함으로써 검색과 AI 응답의 기반이 된다.
- **예**: '테슬라' 검색 시 '일론 머스크'가 연관 검색어로 함께 나타나는 현상

스키마 마크업(Schema Markup)

- **정의**: 검색엔진과 AI가 콘텐츠를 구조적으로 이해하도록 돕는 데이터 표준
- **설명**: Schema.org를 JSON-LD(또는 Microdata 등)와 같은 포맷으로 FAQ, 제품 정보 등을 구조화하면 인용 가능성이 높아진다.
- **예**: FAQ 페이지에 스키마를 적용해 퍼플렉시티 답변에 그대로 반영되는 경우
- **[GEO 관점]** 스키마 마크업은 AI에게 '이 데이터는 질문(Question)이고, 이 데이터는 답변(Answer)입니다'라고 이름표를 붙여주는 행위이다. AI는 이름표가 붙은 구조화된 데이터를 훨씬 선호하며, 이를 통해 오류 없이 정확한 정보를 추출하여 답변에 활용한다.

청크(Chunk)

- **정의**: AI가 정보를 이해하고 처리하는 의미 있는 정보의 최소 단위
- **설명**: AI는 글 전체를 통째로 이해하기보다, 하나의 완결된 의미를 가진 문단, 목록, 질문과 답변 쌍 등의 '청크'로 잘게 나누어 분석하고 조합한다. 고품질의 청크로 구성된 콘텐츠가 AI에게 선택받기 유리하다.
- **예**: 블로그 본문에서 'GEO의 3가지 핵심 요소'라는 소제목 아래에 있는 3개의 글머리 기호(Bullet Point) 각각이 하나의 독립된 청크가 될 수 있다.
- **[GEO 관점]** 콘텐츠를 명확한 질문과 답변, 혹은 하나의 완결된 아이디어를 담은 '청크' 단위로 구조화해야 한다. 잘게 쪼개진 고품질 청크는 Grounding(동적 그라운딩 또는 RAG) 시스템이 실시간으로 검색·인용하기에 가장 좋은 재료다.

벡터 데이터베이스(Vector Database)

- **정의**: 텍스트와 같은 비정형 데이터를 AI가 이해할 수 있는 숫자 배열(벡터) 형태로 변환하여 저장하고 검색하는 데이터베이스
- **설명**: 키워드의 정확한 일치가 아닌, '의미의 유사성'을 기준으로 데이터를 검색한

다. '차량 문제 해결'이라는 질문에 대해 '자동차 고장 수리 방법'이라는 문서를 찾아 줄 수 있는 이유는 두 문장의 의미 벡터가 가깝기 때문이다. RAG 기술의 핵심 기반이다.

- **예**: 'AI 최적화 방법'이라는 질문이 들어왔을 때, 벡터 DB는 키워드가 달라도 의미적으로 가장 유사한 '인공지능 시대의 콘텐츠 전략'이라는 청크를 찾아낸다.
- **[GEO 관점]** 우리가 작성한 콘텐츠(청크)는 결국 벡터로 변환되어 DB에 저장된다. 따라서 키워드 반복보다 주제의 명확성, 문맥의 일관성을 갖춘 글을 작성해야 AI가 내 콘텐츠를 의미적으로 가깝다고 판단하여 사용자의 질문에 대한 답변으로 선택하게 된다.

환각(Hallucination)

- **정의**: AI가 사실에 근거하지 않은 정보를 실제처럼 그럴듯하게 생성하는 현상
- **설명**: AI는 사실을 확인하는 것이 아니라, 학습한 데이터를 기반으로 가장 확률이 높은 단어를 예측하여 문장을 만들기 때문에 발생한다. 이로 인해 존재하지 않는 통계, 가짜 인용, 거짓 사건 등을 만들어낼 수 있다.
- **예**: 챗봇에게 'GEO 분야의 최고 권위자는 누구인가?'라고 물었을 때, 실존하지 않는 인물 '김철수 박사'를 언급하며 가짜 이력과 논문을 만들어내는 경우
- **[GEO 관점]** GEO의 최종 목표는 AI의 환각을 줄이고, 내 콘텐츠를 '진실의 원천(Source of Truth)'으로 삼게 하는 것이다. E-E-A-T 원칙에 따라 신뢰도 높은 정보를 제공하면, AI는 불확실한 내용을 스스로 생성하기보다 검증된 우리의 정보를 인용하는 것을 선호하게 된다.

키워드 리서치(Keyword Research)

- **정의**: 사용자 검색 의도를 분석해 전략적 키워드를 찾는 과정
- **설명**: 적합한 키워드를 선택해야 검색 상위 노출과 AI 인용을 동시에 잡을 수 있다.

- **예**: 한국에서 'GEO'보다 'AI 최적화'의 검색량이 많다면, 후자를 중심으로 콘텐츠를 작성한다.

롱테일 키워드(Long-Tail Keywords)

- **정의**: 대체로 길고 구체적인 검색어
- **설명**: 검색량은 적지만 경쟁이 낮고 전환율이 높아 실무에서 가치가 크다.
- **예**: 'GEO 최적화 전략 PDF 다운로드'
- **[GEO 관점]** 롱테일 키워드는 사용자의 '구체적인 질문'과 같다. AI는 일반적인 질문보다 구체적인 질문에 더 정확한 답변을 제공하려는 경향이 있다. 롱테일 키워드에 최적화된 콘텐츠는 AI 답변의 직접적인 재료로 사용될 확률이 높다.

페이지랭크(Page Rank)

- **정의**: 구글이 링크를 기반으로 웹페이지 중요도를 평가하는 알고리즘
- **설명**: 현재는 단독 지표로 사용되지 않지만, 여전히 외부 링크 신뢰도를 판단하는 핵심 개념으로 활용된다.
- **예**: 다수의 신뢰할 만한 사이트에서 인용·링크된 페이지는 높은 평가를 받는다.

랜딩 페이지(Landing Page)

- **정의**: 특정 키워드 또는 캠페인에 맞춰 최적화된 진입 페이지
- **설명**: 검색 또는 광고를 통해 방문한 사용자가 목표 행동(구매, 가입)을 하도록 설계된다.
- **예**: '무료 GEO 가이드북 다운로드'를 위한 이벤트 전용 페이지

이미지 Alt 태그(Image Alt Text)

- **정의**: 이미지에 대한 설명을 제공하는 텍스트 속성

- **설명**: 시각장애인을 위한 접근성 기능일 뿐 아니라, 검색엔진이 이미지를 이해하도록 돕는다.
- **예**: <img src="GEO.png" alt="GEO 최적화 다이어그램">

블랙 햇 SEO(Black Hat SEO)

- **정의**: 검색엔진 정책을 위반하는 최적화 기법
- **설명**: 단기적으로는 순위 상승 효과가 있을 수 있지만, 검색엔진 패널티로 사이트가 제외될 위험이 크다.
- **예**: 흰색 배경에 흰색 글씨로 키워드를 숨겨 넣는 방식
- **[GEO 관점]** AI 모델은 할루시네이션 방지를 위한 콘텐츠의 진정성과 신뢰도를 중요하게 평가한다. SEO 전략에서 일종의 어뷰징 행위로 볼 수 있는 Black Hat SEO는 사용자를 속이려는 시도로 AI에 의해 쉽게 감지된다. 또한 장기적으로 신뢰할 수 없는 정보 소스로 분류되어 모든 AI 답변에서 배제될 위험이 있다.

캐노니컬 태그(Canonical Tag)

- **정의**: 중복 콘텐츠 문제를 해결하기 위해 원본 URL을 지정하는 태그
- **설명**: 동일한 콘텐츠가 여러 URL에 있을 때, 검색엔진에 '이 페이지가 정본'임을 알려준다.
- **예**: <link rel="canonical" href="https://www.site.com/original">
- **[GEO 관점]** AI 모델이 중복된 정보가 아닌, 가장 권위 있는 '원본' 콘텐츠를 학습하도록 유도하여 정보의 오염을 막고 AI 답변의 정확성과 신뢰도를 높이는 데 결정적인 역할을 한다.

GEO 및 AI 최적화 핵심 용어

GEO(Generative Engine Optimization)

- **정의**: AI 모델이 콘텐츠를 올바르게 해석하고 인용할 수 있도록 설계하는 전략
- **설명**: 기존 SEO가 검색엔진 크롤러를 기준으로 했다면, GEO는 언어모델을 기준으로 한다. GEO는 AEO, AIO, AIEO 등 다양한 개념을 아우르는 가장 보편적이고 포괄적인 용어다.
- **예**: 블로그 글을 단락, FAQ 구조로 작성하고 JSON-LD로 구조화해 챗GPT 답변에 출처로 인용되도록 하는 경우

LLMO(Large Language Model Optimization)

- **정의**: 거대언어모델(LLM)이 콘텐츠를 더 잘 해석하도록 텍스트를 최적화하는 방법
- **설명**: 토큰 효율성과 임베딩 연관성을 관리해 AI가 문맥을 정확히 이해하도록 돕는다.
- **예**: 불필요한 수식어를 줄이고, 핵심 단어를 문장 앞부분에 배치해 AI가 빠르게 주제를 파악하게 한다.

E-E-A-T(Experience, Expertise, Authoritativeness, Trustworthiness)

- **정의**: 경험, 전문성, 권위, 신뢰성의 네 가지 기준
- **설명**: 구글과 AI 모델 모두 콘텐츠의 신뢰성과 인용 가능성을 판단할 때 E-E-A-T를 중시한다.
- **예**: 단순 정보 나열이 아닌, 직접 사용해본 후기나 체험기가 더 중요해지고 있으므로, 실제 사용 경험을 포함한 글은 인용될 확률이 높다.

그라운딩(Grounding)

- **정의**: LLM이 답변을 생성할 때, 웹페이지나 문서 같은 '외부 자료'를 찾아 와 답변을 더 정확하게 만드는 방식
- **설명**: (이 책에서는 이해를 돕기 위해) 그라운딩을 두 가지로 나눈다.
  - 정적 Grounding: 미리 모아둔 문서 또는 DB(예: 사내 위키, FAQ, 벡터 DB)에서 찾아서 답변을 보강
  - 동적 Grounding: 웹 검색, API처럼 실시간으로 최신 정보를 가져와 답변을 보강
- **예**: 퍼플렉시티가 웹에서 자료를 검색해 출처를 붙여 답변하는 경우

RAG(Retrieval-Augmented Generation)

- **정의**: Grounding의 한 방식으로, 답변을 만들기 전에 먼저 관련 자료를 검색(Retrieval)해서 그 내용을 바탕으로 답을 만드는 구조
- **설명**: RAG는 '어디에서 자료를 찾느냐'에 따라 두 가지 모두 가능하다.
  - 내부 문서, 벡터 DB에서 찾으면 정적 RAG
  - 웹 검색이나 API로 찾으면 동적 RAG

  즉, RAG는 '검색해서 붙이는 방식'이고, 정적/동적은 '검색하는 곳(데이터 출처)'의 차이이다.
- **예**
  - (정적) 사내 매뉴얼/FAQ를 벡터 DB에서 찾아 답변에 인용하는 챗봇
  - (동적) 퍼플렉시티가 웹 검색 결과를 인용해 답변을 만드는 경우

AI 인용률(Citation Rate)

- **정의**: AI 답변에서 내 브랜드, 사이트가 출처로 언급된 비율
- **설명**: SEO의 CTR(클릭률)에 해당하는 GEO 핵심 성과 지표
- **예**: '한국 백신 앱 추천' 질문에 내 앱이 10번 중 4번 인용되면 인용률은 40%

AI 크롤러 트래픽(AI Crawler Traffic)

- **정의**: 챗GPT, 퍼플렉시티 등 AI 크롤러의 방문 빈도
- **설명**: AI가 내 콘텐츠를 수집, 접근하는 정도를 확인할 수 있다.
- **예**: 대표적인 AI 크롤러로 GPTBot, Google-Extended, ClaudeBot 등이 있다.

TIS(Trust Integrity Score)

- **정의**: 콘텐츠 신뢰도를 평가하는 지표
- **설명**: 출처 표기, 저자 정보, 최신성 등을 기반으로 AI가 신뢰 수준을 측정한다.
- **예**: 저자가 명시되어 있고 최근 업데이트 표시가 있는 글은 TIS가 높아진다.

AIVO(AI Visibility Optimization)

- **정의**: AI 답변에서 브랜드가 지속적으로 인용되도록 관리하는 전략
- **설명**: 단발 인용이 아닌, 다양한 질문에서 꾸준히 브랜드가 등장하는 것을 목표로 한다.
- **예**: 퍼플렉시티에서 '한국 보안 솔루션' 질문이 반복될 때마다 내 브랜드가 포함되는 경우

llms.txt 파일

- **정의**: 웹사이트 루트에 설치하여, LLM(거대언어모델)이 내 사이트의 콘텐츠를 더 잘 이해하고 요약할 수 있도록 돕는 제안 파일(신흥 관례)
- **설명**: robots.txt처럼 사이트 루트에 두어 AI 모델의 학습 방향을 안내한다.
- **예**: llms.txt에 '/blog/GEO-guide' 페이지를 지정해 생성형 AI가 우선 학습하도록 설정

| 참고문헌 |

01 새로운 검색 패러다임의 도래, 제로클릭

1 Amanda Spink, 『Information Behavior: An Evolutionary Instinct』, Springer, 2010. (www.amazon.com/Information-Behavior-Evolutionary-Knowledge-Management/dp/3642114962)

2 2024 인터넷이용 실태조사/ 과학기술정보통신부, 한국지능정보사회진흥원(NIA). 2025.04. (https://nia.or.kr/viewer/skin/doc.html?fn=f903740d_3629_41b1_90a3_c06f7c66425d.pdf&rs=/viewer/result//board/99870/)

3 Goodbye Clicks, Hello AI: Zero-Click Search Redefines Marketing. Bain & Company. 2025.02. (www.bain.com/insights/goodbye-clicks-hello-ai-zero-click-search-redefines-marketing/)

4 3과 동일

5 How AI is reshaping SEO: Challenges, opportunities, and brand strategies for 2025. Search Engine Land. 2025.06.13. (https://searchengineland.com/how-ai-is-reshaping-seo-challenges-opportunities-and-brand-strategies-for-2025-456926)

6 Understanding the Five Types of AI Consumers. Bain & Company. 2025.04. (https://www.bain.com/insights/understanding-the-five-types-of-ai-consumers/)

7 How AI is reshaping SEO: Challenges, Opportunities, and brand strategies for 2025. Search Engine Land. 2025.06.13. (searchengineland.com/how-ai-is-reshaping-seo-challenges-opportunities-and-brand-strategies-for-2025-456926)

8 AIO Overviews: A YEAR IN REVIEW. BrightEdge. 2025.05. (videos.brightedge.com/assets/SGE-Guide/BrightEdge%20Report%20-%20AIO%20Overviews%20One%20Year%20Review%20Research%20Paper%20and%20Deep%20Dive%20.pdf)

9 Mary Meeker AI Trends 2025: Three Reasons Why AI Is Different From Any Other Tech In History. Mindset.ai. 2025.06.12. (www.mindset.ai/blogs/in-the-loop-ep19-mary-meeker-ai-trends-report-highlights)

- Goodbye Clicks, Hello AI: Zero-Click Search Redefines Marketing. Bain & Company. 2025.02. (www.bain.com/insights/goodbye-clicks-hello-ai-zero-click-search-redefines-marketing/)

- AI Has Upended the Search Game. Marketers Are Scrambling to Catch Up. The Wall Street Journal. 2025.05.08. (www.wsj.com/articles/ai-has-upended-the-search-game-marketers-are-scrambling-to-catch-up-84264b34)
- Marketing's New Middleman: AI Agents. Bain & Company. 2025.04.14. (www.bain.com/insights/marketings-new-middleman-ai-agents)
- Losing Control: How Zero-Click Search Affects B2B Marketers. Bain & Company. 2025.03. (www.bain.com/insights/losing-control-how-zero-click-search-affects-b2b-marketers-snap-chart)
- Understanding the Five Types of AI Consumers. Bain & Company. 2025.04. (www.bain.com/insights/understanding-the-five-types-of-ai-consumers/)
- How AI is reshaping SEO: Challenges, Opportunities, and brand strategies for 2025. Search Engine Land. 2025.06.13. (searchengineland.com/how-ai-is-reshaping-seo-challenges-opportunities-and-brand-strategies-for-2025-456926)
- 2024 인터넷이용 실태조사/ 과학기술정보통신부, 한국지능정보사회진흥원(NIA). 2025.04. (https://nia.or.kr/viewer/skin/doc.html?fn=f903740d_3629_41b1_90a3_c06f7c66425d.pdf&rs=/viewer/result//board/99870/)
- AIO Overviews: A YEAR IN REVIEW. BrightEdge. 2025.05. (videos.brightedge.com/assets/SGE-Guide/BrightEdge%20Report%20-%20AIO%20Overviews%20One%20Year%20Review%20Research%20Paper%20and%20Deep%20Dive%20.pdf)

02 당신의 비즈니스가 사라지고 있다

1 The 60% Problem — How AI Search Is Draining Your Traffic. Forbes. 2025.04.14. (www.forbes.com/sites/torconstantino/2025/04/14/the-60-problem---how-ai-search-is-draining-your-traffic)

2 The Impact of Google's AI Overviews on Website Traffic: A Deep Dive. Whistler Billboards. 2025.05.21. (www.whistlerbillboards.com/marketing/the-impact-of-googles-ai-overviews)

3 생성형 AI 앱 전성시대! 현 시장의 강자와 사용자 특성. 와이즈앱(WiseApp). 2025.05.08. (www.wiseapp.co.kr/insight/detail/660)

4 3과 동일

5 Online education company Chegg sues Google, says AI is killing business. The

Washington Post. 2025.02.25. (www.washingtonpost.com/technology/2025/02/25/chegg-google-ai-lawsuit)

6 Google: It's 'Misleading' for Websites to Blame AI Overviews for Lost Traffic. eWeek. 2025.04.08. (www.eweek.com/news/google-ai-overviews-smb-impact)

7 AIO Overviews: A YEAR IN REVIEW. BrightEdge. 2025.05. (videos.brightedge.com/assets/SGE-Guide/BrightEdge%20Report%20-%20AIO%20Overviews%20One%20Year%20Review%20Research%20Paper%20and%20Deep%20Dive%20.pdf)

8 Adobe Analytics: Traffic to U.S. retail websites from Generative AI sources jumps 1,200 percent. Adobe Blog. 2025.03.17. (blog.adobe.com/en/publish/2025/03/17/adobe-analytics-traffic-to-us-retail-websites-from-generative-ai-sources-jumps-1200-percent)

9 Google AI summaries increase frequency of 'zero clicks' to search results, sinking traffic to news sites: report. New York Post. 2025.07.03. (nypost.com/2025/07/03/media/google-ai-tools-depressing-traffic-to-news-sites-report)

10 Rolling Stone, Billboard Owner Penske Sues Google Over AI Overviews. Reuters. 2025.09.14. (www.reuters.com/sustainability/boards-policy-regulation/rolling-stone-billboard-owner-penske-sues-google-over-ai-overviews-2025-09-14)

11 KPF 미디어브리프 2025년 5호 「다가오는 제로클릭 시대 : 언론사의 AI 검색 대변혁 대응전략」. 한국언론진흥재단. 2025.05.19. (www.kpf.or.kr/front/research/briefDetail.do?miv_pageNo=&miv_pageSize=&total_cnt=&LISTOP=&mode=W&seq=599844&link_g_topmenu_id=676f2f0f377b4b19840685a46f69a233&link_g_submenu_id=eca6ad6abb7e4d8497bf79850701f570&link_g_homepage=F&reg_stadt=&reg_enddt=&searchkey=all1&searchtxt=)

12 11과 동일

13 Google massively expanding AI Overviews for travel, entertainment. Search Engine Land. 2025.04.30. (searchengineland.com/google-ai-overviews-expand-travel-entertainment-454863?)

14 GOOGLE AI OVERVIEWS NOVEMBER-DECEMBER INSIGHTS. BrightEdge. 2025. (storage.googleapis.com/passets-production/sites/videos.brightedge.com/assets/documents/BrightEdge-AIO-and-Industry-Research-November-to-December-AIO-Stabilzation-and-Industry-by-Industry-Updates.pdf)

- The Impact of Generative AI: Publishers. Similarweb.(www.similarweb.com/corp/

reports/the-impact-of-generative-ai-publishers-us)

- Google AI Overviews: SEO Tips and Strategies. similarweb Blog. 2025.03.12. (www.similarweb.com/blog/marketing/seo/ai-overviews)
- Impact of Google AI Overviews(Discussion). Reddit. 2025. (www.reddit.com/r/marketing/comments/1l6fwbi/impact_of_google_ai_overviews)
- Data & Studies. ahrefs blog. 2025. (ahrefs.com/blog/category/data-studies)
- How Google SGE will impact your traffic – and 3 SGE recovery case studies. Search Engine Land. 2023.09.05. (searchengineland.com/how-google-sge-will-impact-your-traffic-and-3-sge-recovery-case-studies-431430#h-results-of-our-sge-impact-model-for-23-websites)
- One Year Into Google AI Overviews, BrightEdge Data Reveals Google Search Usage Increases by 49%. BrightEdge. 2025.05.14. (www.brightedge.com/news/press-releases/one-year-google-ai-overviews-brightedge-data-reveals-google-search-usage)
- Welcome to Zero-Click Search. Please Leave Your Traffic at the Door. ahrefs blog. 2025.06.17. (ahrefs.com/blog/zero-click-search)
- AI summaries cause 'devastating' drop in audiences, online news media told. The Guardian. 2025.07.24. (www.theguardian.com/technology/2025/jul/24/ai-summaries-causing-devastating-drop-in-online-news-audiences-study-finds)
- Google Hits Back At Pew Report. MediaPost. 2025.07.24. (www.mediapost.com/publications/article/407651/google-hits-back-at-pew-report.html)
- Google users are less likely to click on links when an AI summary appears in the results. Pew Research Center. 2025.07.22. (www.pewresearch.org/short-reads/2025/07/22/google-users-are-less-likely-to-click-on-links-when-an-ai-summary-appears-in-the-results/?ref=nearmedia.co)

03 SEO, 위대한 유산과 새로운 가치

1 Search Engine Optimization Services Market Size, Share Global Analysis Report, 2024 – 2032. Facts & Factors Research. 2024.11. (https://www.fnfresearch.com/search-engine-optimization-services-market)

2 Gartner Predicts Search Engine Volume Will Drop 25% by 2026, Due to AI Chatbots and Other Virtual Agents. Gartner. 2024.02.19. (https://www.gartner.com/en/newsroom/press-releases/2024-02-19-gartner-predicts-search-engine-volume-will-

drop-25-percent-by-2026-due-to-ai-chatbots-and-other-virtual-agents)

3 We Studied the Impact of AI Search on SEO Traffic. Here's What We Learned. Semrush Blog. 2025.07.22. (www.semrush.com/blog/ai-search-seo-traffic-study)

4 3과 동일

5 Are AI Chatbots Replacing Search Engines? AI vs Google [New Research]. Orbit Media Studios. 2025. (www.orbitmedia.com/blog/ai-vs-google)

6 3과 동일

7 3과 동일

8 How important are backlinks for SEO in 2026?. Search Engine Land. 2025.07.24. (searchengineland.com/backlinks-seo-importance-442529)

9 네이버 국내 검색 점유율 9년새 20%p 하락. OUTSTANDING. 2024.11.18. (outstanding.kr/press/868/20241118)

04 GEO, 새로운 최적화 패러다임

- Are AI Chatbots Replacing Search Engines? AI vs Google [New Research]. Orbit Media Studios. 2025. (www.orbitmedia.com/blog/ai-vs-google)
- Traditional Search Forecast to Fall 25% by 2026: Gartner. Marketing Insights. 2024.02.20. (mediagrouponlineinc.com/2024/02/20/traditional-search-forecast-to-fall-25-by-2026-gartner)

05 AI는 어떻게 답을 만드는가?

1 검색 증강 생성(RAG)이란 무엇인가요?. Amazon Web Services(AWS). 2025. (aws.amazon.com/what-is/retrieval-augmented-generation)

07 AI는 어떤 콘텐츠를 선택하는가?

1 Beyond Keywords: Driving Generative Search Engine Optimization with Content-Centric Agents. arXiv. 2025.09.06. (arxiv.org/abs/2509.05607)

11 GEO의 미래

1 Search Engine Optimization Services Market Size, Share Global Analysis Report, 2024 – 2032. Facts & Factors Research. 2024.11. (www.fnfresearch.com/search-engine-optimization-services-market)